# 友だちリクエストの返事が来ない午後

小田嶋隆

太田出版

# はじめに

２０１１年の3月に突然やってきた地震と、その地震が引き起こした大きな津波は、私たちの生活のかなりの部分を一夜にして変えてしまった。

以来、「絆」という言葉が頻発されるようになった。テレビ画面の中でも、「寄り添う」「向き合う」「つながる」といった、カタカナでもなく漢語由来でもない、やまとことばをベースにした情緒的な動詞が多発されるようになった。

「友だち」も震災が起きてからこっち、目に見えて多用されるようになった言葉のひとつだ。

私たちは、震災に伴う苦難と、原発事故がもたらした重苦しさを、互いに身を寄せ合うことでやりすごそうとしている。それはライオンに襲われたシマウマが、群れの密度を高めることで外敵に備える姿に似ていなくもない。

いずれにせよ、身近な人間との結束を強めることは、この国に住む人間たちが、遠い昔から採用してきた危機管理対応のひとつではあるわけで、そのこと自体は異常なことではない。

ただ、群れることにストレスを感じる人間もいる。

これはとても大切なことだ。

たとえば、私は、結婚式の二次会や、職場の同僚の親睦会や、ネット発のオフ会に集う仲間たちが、互いの目を見つめ合いながら頷く姿になんとも言えない圧迫を感じる。また、フェイスブックの「友だち」たちがしきりに「いいね」をくり返しながら総数を増やしていく設定に、うまく適応することができない。

これは、異常なことだろうか。

若い人たちの中にも、実はよく似たタイプの人間がいる。

彼らは、孤独になれないことに悩んでいる。仲間と一緒に過ごす経験にやすらぎを感じる一方で、一人でいる時間を奪われている実感を抱き、あるいは、それ以前の段階として、友だちを増やさなければならないという脅迫に苦しんでいる。

本書は、基本的には、私自身のコミュニケーション・ブレイクダウンについて考察したテキストだ。

が、同時に、他人という地獄に苦しんでいる若い人たちに向けて、その対処法を伝えようとして書いた文章でもある。


友だちは、友だちだ。

でも、友だちの友だちは友だちではない。

そこに線を引かなければいけない。

最後まで読んでみて、適切な線の引き方が身につくものなのか、あるいは、それぞれの「章」が独立したコラムないし文章としてうまく書けているのかどうか、自分ではまだよくわからない。

友だちの友だちとは距離を取らなければならない。

友だちと自分の間にも、適切な距離を確保した方がいい。

というよりも、まずはじめに、自分自身との距離の取り方を学ぶべきなのかもしれない。

本書が、その厄介な仕事の手助けになることを願っている。

# 目次

ブックデザイン　鈴木成一デザイン室

# 友だちリクエストの返事が来ない午後

# 第1章 友だちリクエストの不可思議

「◯山◯太郎さんからFacebookの友だちリクエストが届いています」

知らない名前だ。

誰だろう。

2011年の7月にフェイスブックのアカウントを作って以来、こんな調子のメールが断続的に届くようになった。はじめのうちは、相手の名前を検索したりして、一応、気に留めていた。が、じきに放置するようになった。たいして親しくもない知り合いや、見も知らぬ他人からの「友だちリクエスト」に、いちいち圧迫を感じている自分の小心さが、ばかばかしく感じられたからだ。

そもそも「友だちリクエスト」とはどういう料簡だ？　友だちというのは、誰かが誰かに対してリクエストするような関係なのか？　でもって、その「友だちリクエスト」なる申し出に、私が応諾なり容認なりの返事をすると、その瞬間から、われわれは「友だち」としての関係を取り結ぶことになるのか？　ってことは、このアメリカ生まれの実名登録システムは、友だちを仲介するデジタルの女衒《ぜげん》みたいなものだと考えてよろしいのか？

疑問だらけだ。

本書では、「友だち」について考えてみたいと思っている。

最初に言っておくが、私は友だちの多い人間ではない。自分では特別に気むずかしい性質だとは思っていないのだが、結果から振り返れば、新しい知り合いを作るのが苦手なタイプではある。そういう意味では、偏屈な男なのかもしれない。

で、その偏屈者にとっては、はなはだ厄介なことに、いつの頃からなのか、この国では、友だちの数が、人間の価値を判定する上での有力な指標になってしまっているように見えるのだ。

私がこのことに気づいたのは、ネット上の論争にまきこまれた時だ。ブログのコメント欄でも、掲示板でも、ツイッターでも、議論が膠着《こうちゃく》して人格否定のステージに突入すると、あるタイプの論敵は、なぜなのか、同じ口調の罵声《ばせい》を浴びせかけてくる。

「どうせお前のような奴は友だちもろくにいない淋しい人間に決まっている」

と、彼らは、かなり高い確率で、こう言うのだ。

「ん?」

と、私はいぶかったものだ。

「確かに、オレはろくに友だちを持っていない男だが、それは恥辱《ちじょく》なのだろうか」

ともあれ、私がどう思うかとは別に、30歳より若い連中は、他人を攻撃する際には、相手が友だちのいない人間である旨を指摘することがもっとも効果的だと考えているように見える。

なるほど。彼らは、友だちのいない人間であると思われることを恐れている。そして、どうやら、敵が自分より孤独な人間であることを証明できれば、自分が優位に立てるというふうに感じている。

これは、私には新鮮な驚きだった。もしかすると、われわれの社会は、「友だち」に嗜癖《しへき》した人間を量産しつつあるのかもしれない。とすると、フェイスブックが送って寄越すあのうす気味の悪いメッセージ(「もしかして知り合い?」とか、「友だちリクエスト」とか、「特別なお知らせ」とか)は、アメリカのデジタル金融資本主義の差し金というよりは、純国産のコミュニケーション依存の一症状であったのかもしれない。

私自身は、自分が友だちの少ない人間であることを気に病んだことはない。

むしろ、やたらと同調的でいつも誰かとツルんでいる人々を心のどこかで軽んじているほどだ。

私の世代には、私と同じような一匹狼気取りの単独行動者がそこここに遍在していた。そして、仲間とツルむことの少ないわれわれのようなタイプの人間にも、一応の居場所はあった。われわれは、万人に好かれていたわけではないが、一定の敬意ある扱いを享受していた。どういうことなのかというと、私ども単独行動者は、決して魅力の無い落ちこぼれとして一方的に蔑《さげす》まれていたわけではないということだ。

それが、現役の大学生に話を聞いてみると、彼らは単独行動者を蔑むか、でなければ、憐れんでいる。なんというか、一匹狼の評価がとても低いのだ。

彼らの間には「ぼっち」という言葉がある。「ぼっち」は大学のキャンパス内をたった一人で往来する「一人ぼっち」の学生の由で、なんでも、以前、話題になった「便所メシ」は、「ぼっち」の連中が、ほかの学生に自分が「ぼっち」であることを見破られないために採用している苦肉の食事マナーなのだという。

驚きだ。

私が学生だった時代は「ぼっち」が基本であり、単独行動者であることがキャンパスを歩く大学生のデフォルト設定だった。私自身、昼飯はほぼ一人で食べていた。時間割によっては、一日中誰とも口をきかないままで帰って来る日もあった。それもそのはず、われわれの時代には、携帯電話が無かった。だから、特定のたまり場を持っていない学生は、キャンパス内で偶然知り合いに出くわさない限りは、「ぼっち」を余儀なくされた。ということはつまり、授業のカリキュラムが科目登録ごとにバラけているマンモス私大に通う学生は、おちゃらけたサークルに入り浸っているか、体育会に所属しているか、行きつけの喫茶店にタムロっているのでない限り、誰もが、原則として、「ぼっち」だったということだ。

とはいえ、誰もが多かれ少なかれ「ぼっち」であった私たちの時代の「ぼっち」は、現代のキャンパスを歩く「ぼっち」ほど孤立的ではなかった。

わかりにくいいい方だったかもしれない。具体的な言葉でいい直す。つまり、誰もがつながれないでいた時代の「ぼっち」と違って、全員が携帯電話やラインを通じて常時ゆるやかにつながっていることが前提となっている現在の状況での「ぼっち」は、状況として「誰からも電話がかかってこない」本格的な村八分状況を意味しているわけで、だからこそ、「ぼっち」であることは、単なる暫定的な単独行状況ではなく、全面的な孤立ないしは村八分の恥辱として受けとめられているわけなのだ。

私は、本書を「ぼっち」の人間の立場で書こうと思っている。

というのも、私がもし現代の若者として生まれていたら、間違いなく「ぼっち」の側の人間になっていたと思うからだ。

事実、私は、現在でも、ほぼ「ぼっち」だ。

「どことなくよそよそしい奴」

というのが、おそらく、多少親しくなった段階で、先方が私に対して抱く感想のもっとも代表的なところだと思う。さよう。私は馴れ馴れしい付き合いが苦手だ。

初対面の対応は無難にこなせる。

そういう意味では、最近のはやりで言うところの「コミュ障《しょう》」(「コミュニケーション障害」の略。医学的な意味での正式な診断名であるのかどうかは知らない。どうせ「人見知り」ぐらいな傾向を、就活やらで意識過剰になっている学生さんたちが大げさに言っているだけなのだろう)ではない。名刺交換までの段階の付き合いは、むしろ得意な方かもしれない。握手と笑顔とよどみのない会話。この段階までは、私は、優秀な社交家でさえある。

が、この先に進むのは苦手だ。

苦手だからこそ酒に走ったのだと思う。

アルコール依存の人間には、ありがちな傾向だ。自分と他人の間にアルコールで橋を架けないと行き来ができない。というよりも、「酔っている」という弁解をあらかじめお互いの間に設定しておかないと、心のうちを率直に開陳することができない……いや、これも違う。酔っぱらいは必ずしも正直に語っているのではない。「酔って正直になっている」というゲームを、「酔った上でのことですから」という安全圏の中で楽しんでいるだけだったのかもしれない。それほど、酔っぱらいというのは、臆病《おくびょう》な生き物なのである。

次章以降、友だちをめぐるあれこれについて、順次書き進めて行く所存だ。どんな話が出てくるか、私自身楽しみにしている。

ひとりの人と友人になるときは、
その人といつか必ず絶交する事あるを忘るるな。

by 石川啄木

じっと手を見る。カニとジャンケンをして負ける。そう。オレはパーだ。

by 小田嶋隆

# 第2章 幼年期の王国とギャング・エイジ

学齢期前の子どもにとって、友だちは、後にそうなるほど重要な存在ではない。家から外に出た時のための臨時の遊び相手といった程度のものだ。その意味では、お人形遊びに使う人形とそんなに遠いものではない。楽しく遊んでいるようでも、当の子どもたち同士は、3日もすればお互いの顔を忘れてしまう。逆に、この年齢段階の子どもたちは、一緒に同じ部屋で遊ばせておけば、5分もたたないうちに友だちになることができる。結局、幼児同士は、さほど明確な個体識別をしていないのかもしれない。

一方、5歳になった子どもが、集団生活に適応できるかどうかについては、かなり大きなバラつきがある。ざっくり言って2割ぐらいの子どもは、その段階に到達していない。一生涯到達しない子どももいる。個性というのは、実に多様で残酷なものだ。

幼年期にオモテに現れた性格は、それが主要な特徴として表現されることになるのかどうかはともかく、一生涯変わらない。その意味で、「三つ子の魂百まで」と言った昔の人の観察は、今もって正しい。

自分の子どもが保育園に通っていた頃、私はアルコール依存の最終段階にあって、家にいることが多かった（つまり、仕事がなかった）。それゆえ、保育園への送り迎えにも時おり顔を出していたのだが、そういう時に園庭で遊ぶ子どもたちを眺めていて気づいたのは、保育園に通う年齢段階の子どもたちが、DNAに刻まれた個性をモロに体現した存在であるということだった。引っ込み思案《じあん》な子、活発な子、乱暴者、よく歌う子ども、一人遊びに没頭している男の子、人懐《ひとなつ》っこい坊や、甘えん坊の女の子……第三者の目で観察していると、5歳児の個性は、非常にはっきりしている。だから、園の保育士さんが連絡ノートに書いてくるなにげない一言は、後になって読んでみると、おそろしいほど的確にその子どもの将来を言い当てていたりする。

「○○ちゃんは、きっと独立独歩の素敵なおにいさんになりますよ」

ドンピシャリだ。素敵というところを除けばだが。

私の場合、一言で言えば「不適応」な幼稚園児だった。それゆえ、園の中で与えられる課題や、おゆうぎの踊りや、イエズスさまの絵本や、積み木や折り紙といった手遊びのほとんどが、重荷だった。

当然、友だちも重荷だった。

というよりも、私は大勢の子どもたちが走り回っている環境自体が苦手だったのだと思う。

それでも、入園から最初の夏休みまでの間は、休み休みながらも、なんとか幼稚園に通う生活に適応する方向で暮らしていたのだが、長い夏休みが終わって9月がやってくると、私は頑として登園を拒むようになった。母親が後に何度も語ったところによれば、私は、両の足をいっぱいに広げて、園服を着ることを拒否したのだそうだ。

かくして、登園はとりやめになり、ほどなく中退が決断された。

私の時代にはよくあったことだ。そもそも、近所の子どもの全員が幼稚園に通っていたわけではない。むずかったり嫌がったりする子どもが園を中退することはむしろ当然だった。中退は、必ずしも挫折とは受けとめられていなかった。というのも、幼稚園は、教育機関というよりは、単に有料の遊び場だったからだ。

幼稚園では、二人の友人ができた。

一人は「のりちゃん」と呼んでいた男の子で、この子は、すぐ近所に住んでいた。幼稚園までの登園路が一緒だった関係で行き来するようになった。とはいえ、私には彼の記憶はほとんど残っていない。親から教えられて、「幼稚園には、いつものりちゃんに連れて行ってもらっていた」ということを知っているだけだ。

その「のりちゃん」は、小学校3年生ぐらいの時にどこかに引っ越して、それっきり会っていない。会ってもわからないと思う。向こうも覚えていないだろう。幼児期の友だちというのは、その程度のものなのだ。

園内では、「大ちゃん」という子どもと仲良くしていた。これも、仲良くしていたというよりは、マセた子どもだった大ちゃんが、私を子分扱いにして連れ回していたといったぐらいが実態に近い。

私が、彼に連れ回されることを喜んでいたのかどうかはわからない。一人ぼっちでいるよりマシだとは思っていたのだろうが、彼と一緒に園内を歩きまわることを私が楽しんでいたのかどうかは不明だ。よく覚えていない。

大ちゃんとは、同じ小学校に入学し、3年生まで同じクラスで過ごすことになる。4年生以降は、別のクラスで、それなりに疎遠にはなるが、つかず離れずで、別々の中学校に通うようになっても、時々、連絡を取り合っていた。

彼については、後の章で詳しく書くことになると思う。いずれにせよ、大ちゃんは、普通の意味で言う「友だち」とは少し違った存在だった。

ともあれ、発達遅滞気味の小学生が、母親の庇護《ひご》の下から外に出るためには、友だちという触媒がどうしても必要になる。なぜなら、子どもにとって、ファミリーの外に広がる世界は、恐怖と孤独に満ちた「異界《いかい》」であり、その「異界」に乗り出すためには、「仲間」の存在が不可欠だからだ。

無論、異界への旅は、試練である一方、当事者たる子どもにとっては、わくわくする冒険旅行でもある。

児童心理学の世界では、8歳から10歳ぐらいまでの男の子を「ギャング・エイジ」と呼んでいる。この年頃の男の子たちは、徒党を組み、密盟を誓うことを好むと言われている。彼らは、儀式めいた悪事に熱中し、虚実皮膜《きょじつひまく》の冒険妄想に駆られ、排他的な団結によって自分たちと外の世界との対立を深め、秘密基地を作り、世界征服に乗り出すことをたくらんでいる。

私自身、ほぼ教科書通りのギャング・エイジを過ごした。今思い出しても、当時の記憶は、私をうっとりさせる。たぶん、小学生にとっての「友だち」の意味は、そこにある。すなわち友だちは、なによりも、半ば架空の冒険旅行の伴侶なのである。

『ワンピース』（集英社）をはじめとする少年マンガの王道が、常に「仲間」および「友情」を主題にしているのは偶然ではない。

少年にとって、友だちは、命より大切なものだ。

現実には、友だちと自分の命をはかりにかけるような場面が生じることは滅多にないし、仮にそういう場面が現出したとして、彼らが額面通りに自分の命を投げ出すのかどうかは保証の限りではない。が、子どもたち自身のイメージの中ではそういうことになっている。友だちのためには命を投げ出す。その考えが彼らを異界への旅に誘うのである。

逆に言えば、「友だちは命よりも大切だ」という信念ないしは秘儀を自らに課している一時期をわれわれは少年時代と呼んでいるわけだ。

だからこそ、小学生時代の友だちは、致命的に重要な意味を持っている。

大切なのは、それぞれの「友だち」の名前や個性ではない、知り合った時期と、過ごした時間が代替不能だということだ。相手は、むしろ、誰であってもかまわない。あくまでも重要なのは、10歳の時に知り合って、そのかけがえのない時期を共に過ごしたという事実だ。

スティーヴン・キングが『スタンド・バイ・ミー』の最後に書いた文を引用する。以前、ほかの原稿の中で引用したことがあるのだが、もう一度書き記すことにする。それほど価値のある一文だ。

"I never had any friends later on like the ones I had when I was twelve. Jesus, does anyone?"

（訳）「私は、あの12歳の時に持っていた友人に比べられるような友人を、その後、二度と見つけることができなかった。くそ。そんなこと、誰だって無理に決まっているじゃないか」

まったくもってスティーヴの言う通りで、年齢を重ねてから、子ども時代と同じような友だちを作ろうと思っても、そんなことは誰にもできない。絶対に不可能だ。というよりも、別のいい方をするなら、大人になってしまった男が、友だちを作りたいと願う気持ちの中には、黄金の少年時代を回復しようとするむなしい試みが含まれているということだ。

が、もちろん、少年時代を回復することもまた当然のことながら、不可能だ。誰も、あの時代みたいに短絡的ではないし、10歳の頃のように感情的でもない。それに、いろいろなことを忘れることもできなくなっている。

次章では、その小学校時代の話を書こうと思う。

正確に思い出せるかどうか、実は、自信がないのだが、なあに、細部の事実に多少の異動があったところで問題は無い。重要なのは、事実よりも、記憶の辻褄《つじつま》だ。過去は、間違いであれウソであれ、私が記憶している通りの形で私の人格の一部になっている。ということは、それは既に事実よりも確かなのだ。

噂をされるより悪いことがひとつだけある。
それは、噂すらされないことだ。

by オスカー・ワイルド

さらに悪いのはエゴサーチで自尊心を満たすことだ。

by 小田嶋隆

# 第3章 夢の中の自分としての友だち

小学生に友だちの数を尋ねると、たぶん曖昧《あいまい》な答えが返ってくる。１００人と言うかもしれない。30人と答えるかもしれない。どっちにしても、彼らは自分の友だちの数を正確に数えることができない。というのも、小学生にとって、友だちは、自分の周囲にいる同年齢の子どもたちのほとんどすべてを含む概念で、言葉を交わしたことのない隣のクラスの児童であっても、互いに顔を見知っていれば友だちの数に算入しているかもしれないからだ。それほど彼らにとって、友だちの垣根は低い。

内気な子どもの場合、日常的に交際している子どもの数は、実際にはそんなに多くない。一人か二人ということもある。が、本人の意識の中では、友だちはずっと多い。ひとクラスが30人であるとするなら、おそらく、20人ぐらいまでは友だちだと思っている。

小学生にとっての「友だち」の定義は、現実に行き来のある相手に限られるわけではない。同じクラスにいて、なんとなく親しみを感じているだけでも、彼らにとっては友だちということになる。このことは、年齢の低い子どもにとっては、「自分が友だちの中にいる」ことがとりわけ重要だということを暗示している。もしかしたら、彼らにとって、「自分」というのは、単独で生きて動いている存在ではなくて、ある程度の数の同年輩の子どもたちの中にいて初めて機能する繊細な部品のようなものなのかもしれない。

何年か前、何かの席で、夢の話が出た。

「夢の中の映像に自分は映っているのか」

というのが、その時の主たる話題だった。

結論からいえば、普通、夢は、自分視点の映像として提供される。ということは、夢の中では、「自分」は、「カメラアイ」そのもので、だから、基本的に、被写体として撮影されることはない。ということは、夢の中の絵には、登場人物としての自分は出てこないことになる。

が、私を含めた何人かは、「子どもの時の自分」が映像として登場する場合があることを主張した。

そう。おっさんになってしまった現在の自分の姿を夢の中で見た記憶はないのだが、子どもの頃の自分は、時々自分の夢の中に出てきている気がする。これは、かなり不思議なことだ。が、本当の話なのだ。

私の場合、夢の中に登場する映像としての子どもである私は、意識として「本人」でもある。ともあれ、夢の中で、私は小学生の子どもに戻っており、そういう時、私は映像を伴った姿で、自分の意識の中に登場しているのである。

「それ、お前がどうかしてるだけだぞ」

という意見もあった。

そうなのかもしれない。

が、憶断《おくだん》すればだが、ある年齢までの子どもの自意識は、単独の人間としてではなくて、自分を取り巻く環境をまるごと一つのセットとして含んでいる。つまり、彼らは、「自分」という存在を、内側からではなくて、外側のカメラから見ている気分で暮らしているはずなのだ。

自他が未分化だといういい方はあんまりに乱暴かもしれない。が、人が子どもであるということは、「友だちに囲まれている環境」と「自分が存在している」ということが、ほぼ等価であるような一時期を指しているはずなのだ。

関連して、以前読んだ記事の話をする。

「洋ゲー」と呼ばれる、アメリカ製のゲームは、主人公視点のカメラで描写される場合が多く、対して日本製のゲームは主人公を含めた場面をカメラマンが撮影した設定の画像が多いという話だ。

この違いは、洋画と日本画の違いにも及ぶ。洋画では、描き手の視点は固定されており、であるから、描かれる絵画は、必然的に、その確固たる視点から切り取った瞬間としてカンバスに固定される。

ひるがえって、日本画では、視点は描く対象に沿って自在に動く。遠景にある富士山にも、手前の道を歩く人物にも等しく焦点が当たっている。それゆえ、遠近法は成立しにくい。絵巻物や屏風《びょうぶ》絵のようなスタイルでは、描き手の視点は、空間的のみならず時間的な意味でも「移動」する。すなわち、一人の人間の一生や、ある物語の進行を一枚の画面の中に描き切ってしまう。

この話は、たぶんツイッターで誰かの書き込みからリンクした先で読んだものだ。メルマガの記事だったのか、ブログのエントリーだったのか、あるいは何かの書籍の書評だったのかもしれない。

いくつかの検索ワードで探したのだが、オリジナルが見つからなかった。で、申し訳ないのだが、記憶から引用させてもらっている。

私がこの話を紹介しているのは、順序としては、ウェブで読んだこの洋ゲーの視点の話が、いつだったか自分たちが話題にしていた夢の話に似ていることに気づいたからで、それらの「視点」の違いには、もしかして、われわれの「自意識」の問題が隠れているのではなかろうかと考えたからだ。

大げさな仮説を振り回すつもりはない。

ただ、本書で話をすすめるに当たって、私は、子どもの自意識が、子どもにとっての外界すなわち「友だち」に依存しているということを確認しておきたかったのである。

われわれは、子ども時代の映像を「夢」として記憶し、それに「友だち」というタグをつけて処理している。そういう意味でいえば、「友だち」は、単に親しく付き合っている人間というよりは、われわれの少年時代に戻すためのスイッチなのかもしれない。

大人であるわれわれの自意識は、個人的で、内的で、固定的なものだ。私は私であり、私以外のものではあり得ない。が、子どもたちにとって、「ボク」なり「あたし」は友だちとセットになっている。そこのところが、「友だち」という現象を解く鍵なのだと私は考えている。まあ、解いたところで何がどうなるというものでもないわけだが。

さて、小学生にとってクラスメートの半数以上は友だちだった。

しかしそれは、年齢とともに減っていく。

中学生になると、クラスの中で頻繁《ひんぱん》に行き来する仲間の数は5人ぐらいに減少する。もちろん、ほかの生徒とも一応の付き合いはあるし、頻繁に付き合うメンバーは、時とともに変遷したり入れ替わったりする。が、トータルの人数は増えない。親しい仲間が2人増えれば、それまで親しかった2人と、なんとなく疎遠になる。つまり、中学生ぐらいになると、友だちとより「深く」付き合うようになるわけで、そういう「腹を割って話せる」友だちは、どうしても数が限られる。

これが高校生になると、クラスのうちの半分は、はなから没交渉になる。ファッションや、話し方や、学業の成績や人生についての取り組み方のいずれかがそうさせるのだが、理由がなんであれ、話の糸口が見つからないタイプの人間は、徐々に増える。と、友だちの数はさらに減る。こういうふうに見ていくと、子どもが大人になるということは、そのまま友だちを失っていく過程であったりする。

で、大人になると、友だちは、事実上消滅する。

無論、かつて友だちだった人間が友だちでなくなるわけではない。そういう意味では友だちはいる。

ただ、高校時代や大学生だった頃に親しく付き合っていた「親友」と呼べる人間と、現実に会う機会が持てるのかというと、それは別の話になる。物理的に住所が離れてしまっている場合もあるし、そうでなくても、仕事の忙しさや、環境の違いで、対面の機会は、物理的に制限される。

もちろん、親友は、何年かに一度でも、会う機会を作れば、たちまち親友に戻ることができる。

しかしながら、親友に戻ることは、単に昔に戻っているということであって、そういう意味で現状をわかち合っているのではない。腹を割った話は、親友だからこそ、むしろ口に出せないのかもしれない。早い話が、借金の話はできない。

「親友の借金を断る人間は親友とは呼べない」

という話は、逆方向から見れば、

「親友に借金を申し込む人間は親友とは呼べない」

ということでもあるわけで、結局のところ、絵に描いた友情は自縄自縛《じじょうじばく》に陥る。

職場の同僚や、行きつけの飲み屋で顔を合わせる知り合いの中に、親しい人間がいないわけではない。が、彼らが「友だち」なのかというと、ちょっと違う。なにより利害関係や上下関係が介在している。

ということはつまり、社会に出た人間は、原則として新しい友だちを作れなくなるということだ。

もしかすると、友だちは、学校という施設の副産物だったのかもしれない。

友情は人生の酒である。

by ヤング

したがって適量は存在しない。

by 小田嶋隆

# 第4章 ヤンキーとの遭遇と別離

もう2年ほど前になるが、仕事の関係で「面影《おもかげ》ラッキーホール」というファンクバンドのメンバーと話をする機会があった。その時、リーダーのaCKyさんという人が紹介してくれた話が面白かった。

「リアルなヤンキーと間近で会える機会って、免許の更新の時ぐらいしかないですからね」

と、彼は言っていた。aCKy氏によれば、ホワイトカラーとブルーカラーでも、大卒と高卒でもよいが、社会的な階層分化は、その中に住んでいるわれわれの意識とは無関係に、常に、粛々《しゅくしゅく》と進行している。だから、押されている烙印《らくいん》の違う人間同士は、そもそも顔を合わせる機会を持たない。

「社会っていうのは、そういうふうに設計されているんですよ」

至言だと思う。

以前免許の更新で江東（東京都）の運転免許試験場に出向いたことがある。試験会場の中にある違反者講習の教室には、たしかに、ふだん決して同席することのないタイプの人間が勢揃いしていた。背中にデカい動物模様の入ったジャンパーを着ている兄ちゃんや、金髪ツケマの小年増《こどしま》が、私の生活圏の中にまったく住んでいないというのではない。が、普通に暮らしている限り、私の生活は、彼らとは無縁なレイヤーの上で進行していくことになっている。だから、そうした、ふだんは視界に入ってこない茶髪のオヤジやラメ入りのブラウスを羽織ったおばちゃんが、思い思いに座って携帯をいじくっていたり化粧を直していたりする姿は、やはりなんというのか、新鮮な驚きだったのである。

免許証の更新手続きは、年齢、学歴、年収、職歴といった個々人の属性や社会的分類を一切勘案せずに、東京中の自動車運転免許証所有者を、誕生日というたった一つの基準値を軸として機械的にソーティングした上で招集している。だから、更新手続きが行われる運転免許試験場に集まった人間たちには、生まれ月以外に、まるで共通項がない。

ともかく、そうやって無作為抽出の人口統計データにもっとも近い人々に直面してみて、改めてはっきりするのは、われわれが「分離されている」ということだ。

特に大学を出た人間は、地域から分断される。このことはぜひ強調しておきたい。われわれの社会では、エリートコースと呼ばれる人生を歩むことは、生まれた町の地域社会とは別の枠組みに参入することを意味しているのである。

昔、英文学の教授がこんなことを言っていた。

「日本の男たちが、会社がハネた後に同僚と飲み歩くことは、ヨーロッパの人間から見ると、どうにも異様な風習です」

「どうして会社の人間と飲みに行くのかというと、日本では、地域社会が崩壊しているからです」

「イギリスの会社員は、一旦自宅に帰ってから、改めて地元のパブに飲みに行きます」

「地元のパブには地元の仲間がいます」

「イギリスでは、子どもの時からの仲間と一生涯付き合うのが普通なのです」

もっとも、この話をイギリスにしばらく住んでいたことのある男にしてみたところ、彼の見方は少し違っていた。

「うーん。一生地元の友だちとツルんでいるっていうのは、ワーキングクラスの話じゃないかなあ」

彼によれば、シティーの中心部で働いているホワイトカラーの連中が、どういうパブで飲むのかは、話が別らしい。

「ほら、出身校とか、なんかのクラブとか、そういうのが拠点だと思いますよ。でもまあ、どっちにしろ会社の同僚と飲み歩くことはありませんね」

「というよりも、ワーキングクラスとミドルクラスはそもそも住んでる町が違いますから」

イギリスの社会がどうなっているのかは知らないが、私たちが住んでいる国では、同じ町に別のレイヤーを重ねる形で階層社会形成されている。つまり、わが国では、階層別に住む町が違うというほど露骨な分化は進行していないものの、同じ町に住んでいる人間が、品種別に、行きつけの店や集まる場所を変えることで、世界と生き方を棲《す》み分けているのである。

だから、自分の生まれ育った町の公立中学校を卒業すると、地元のコミュニティとの縁は、その時点でとりあえず切れる。で、高校生は、より広い地域の、学力においてより近いクラスメイトと出会う。というよりも、もう少し露骨ないい方をするなら、生まれてからしばらくの間、地域で分類されていた子どもたちは、15歳を過ぎると、学力という基準で再分類されることになるのだ。

高校でも大学でも、もちろん友だちはできる。「同程度の学力の同級生」や「よく似た文化的背景から出てきた子ども」である、高校・大学の仲間は、「同じ町に住んでいる子ども」であった小中学校の友だちよりは、ある意味で、付き合いやすいかもしれない。そういう意味では、生徒たちを学力別に再分類することが、われわれを分離していると、一概に決め付けることはできない。

ただ、「学力」や「社会的な分類」や「階層的な同質性」を基準に集められたり、ふるい分けられたりする中で形成される人間関係は、やはり、脆《もろ》いといえば脆い。卒業してそれっきりになってしまうケースも多いし、なにより、このシステムに乗っかっている限り、進学、就職、退職、転職、結婚、出産……と、人生のステージが進むたびごとに、いちいち友だちを選び直さなければならなくなる。

さて、進学校の高校に進学して、大学を出た人間が地元から分断されるのだとして、では、そうでなかった生徒たちはどうしているのだろう。

簡単に答えの出せる質問ではない。

他府県から東京の大学に進学してきた人々の立場は、わりあいにはっきりしている。彼らは、かなりの程度、田舎を捨てる覚悟を持っている。

なにより、就職に際して、東京に本社のある一流企業を志望すること自体が、そのまま、生まれ故郷での生活を断念することを意味している。だから、彼らの出世双六《すごろく》の中では、スタート地点の故郷は、比較的早い段階で「遠くにありて思うもの」に設定し直されているわけだ。

東京出身の人間である私のような者の立ち位置は、多少歯切れが悪い。地元の友だちは、いないといえばいない。が、地元に住んでいる以上、顔を合わせれば挨拶ぐらいはする。でも、友だちではない。それはお互いにわかっている。

大学を出て5年ほどたった頃だろうか、地元の商店街を歩いていて、10人ほどの男女の集団に声をかけられたことがある。

「おい、オダジマ」

振り返ると、中学時代の同級生だ。クラス会というほどのものでもないのだが、彼らは、時々集まって飲んだり遊んだりしているようだった。で、その日は、私もゲスト待遇で参加することになった。ゲスト待遇と言ったのは、集まったメンバーの中で、大卒は私だけだったし、結局、私は、最後まで「お客さん」扱いだったからだ。

話が合わないとか、邪険にされたとか、そういうことではない。それなりに楽しく飲めたし、旧交をあたためたといえばそういえないこともない。ただ、心外だったのは、私が終始「優等生」という役柄を担わねばならなかったことだ。

何を言うんだ。数学のO崎にいちばんたくさん殴られたのはオレだぞ、と私は言ったが、

「それだけ目をかけられてたってことだろ」

と、その言葉は一蹴《いっしゅう》された。しかも、私は、登下校の道筋でいじめられたことになっている。

「えっ？」

話を聞けば、なるほど、たしかに似たような話はある。覚えている。学校の帰り道に、電柱ごとにじゃんけんで負けた者が全員の鞄《かばん》を持って歩くゲームがはやったことがあって、私はそのゲームでよく負けていたのだ。

布製の肩掛け鞄を10個もかけられて、ふらふらして歩いた記憶もある。でも、あれは単なるじゃんけんのゲームで、いじめではない。

「犬の糞《ふん》を踏ませたこともあるぞ」

確かに踏んだ。でも、あれもゲームだった。要するに私が偶然ジャンケンで負けたという、それだけの話じゃないか。

なのに、彼らの記憶の中では、私が優等生で、犬のクソを踏まされるタイプのいじ

められっ子だったということになっている。

私は、かなり執拗《しつよう》に抗弁したが、多勢《たぜい》に無勢《ぶぜい》、相手にならなかった。

結局、彼らとしては、

「ワセダ大学に進学したオダジマは、ガキの頃から勉強のできた模範生で、オレたちはそういうオダジマをおもちゃにして遊んでいた」

というふうに思っていたいらしい。

たぶん、そういう記憶を持っていた方がなにかと痛快なのだろう。

こんなふうにして、分断は進む。

違う道を歩くことになった昔の同級生たちは、互いに、記憶を再編成していたりする。

だから生まれた町に友だちはいない。

というよりも、古い仲間であったはずのわれわれは、お互いが友だちだった時代の相互の記憶の中の友だちを殺すことで大人になったのかもしれない。

ふるさとは、遠くにいて思い出すにふさわしい場所だ。

友だちのいないふるさとで暮らすことは、なかなかキツいことだ。

怠け者だったら、友だちを作れ。
友だちがなければ、怠けるな。

by サミュエル・ジョンソン

つまり友だちは時間の関数であり、友だちを探すためには軍隊か刑務所に行けば良いということだ。

by 小田嶋隆

# 第5章　女の友情のうらやましさ

「男女間に友情はあるのか」

古くて新しい設問だ。

ちなみに、私は、取り扱ったことがない。

このテのお話は、「女優・ナカグロ・エッセイスト」みたいな人たちのためのネタであって、コラムニストが扱うべきテーマではないと考えているからだ。

でなくても、「男女間の友情」は、「恋バナ」のオマケ以上のものではない。論旨や結論をどうこう言う以前に、「男女間の友情について語り合う男女」というテーブルのセッティングが気持ち悪すぎる。「友情」という言葉を使いながら、若い男女は、互いの距離を探っている。なんという露骨な前交尾行動だろうか。しかも、この見え透いたやりとりを恥ずかしいと思う人間は、見せかけの友情にすらたどりつけない。

ところで、今、「……語り合う男女」と書いたが、男同士は、この話題を語らないのだろうか。

はい、語りません。

「これさ、要するに序盤で手を出すタイミングを逸すると、あとあと展開がむずかしくなるぞって話だろ?」

「うむ」

以上で当件は終わりだ。違う意見を持っている者がいたとしても、特段に結論を争わねばならない話題でもない。一人ひとりが、自分の中でいくつかの顔を思い浮かべて、静かに黙っていればいい話だ。

ところがこの話題は、意外なことに、男たちが初老期にさしかかった時点で、唐突によみがえる。それも、奇妙な現実味を帯びた形で、だ。

「どういうことだ?」

「つまり、セックスに関する野心が減退すると友情が育つ余地が生まれるということか?」

そんなにややこしい話をしているのではない。あるいはそういうこともあるのかもしれないが、私が言っているのはもっと卑近な例だ。つまり、なんというのか、素直に口に出しにくい話なのだが、男が50歳を過ぎると、友だちなんて、嫁さんぐらいしか見当たらないよ、と、そういうことだ。

あまりにもミもフタもない話で、一同憮然《ぶぜん》とせざるを得なかった展開ではあるのだが、現実に、結論は、そこのところに落着したのである。

「確かに、マトモに話ができる相手って、嫁さんぐらいしかいないかもな」

「だろ?」

「最悪だな」

「だよな。嫁さんが大好きだっていうんならまだしも、特にそういうわけでもないしなあ」

「っていうか、嫁さんが好きだった時代には、ツルんで歩く友だちもいたわけでさ」

「うーむ」

淋しい話だ。若い人たちには、ぞっとする話に聞こえるかもしれない。でも、これは事実なのだ。

嫁さんの側がどう思ってるのかは知らない。が、とにかく、おっさんには友だちがいない。多少ともマトモな会話が成立する相手は嫁さんだけ。同年代の男の多くは賛成してくれるはずだ。ああ、その通りだ、オレにはカミさんしかいないよ、と。

なにも嫁さんなんかに頼らなくても、たとえば、「男女間に友情はあるのか」という話を語り合った連中だって、友だちなんじゃないのか、とそう思った読者もいることだろう。

確かに、古い友だちだって友だちではある。彼らの方も私を友だちと思ってくれているはずだ。が、何年かに一度、クラス会の時に会って昔話をする相手は、やはり、同じ日常を分かち合っているリアルな意味での友だちではない。彼らは、強《し》いて言えば「旧友」ぐらいな箱に分類される。

20年会っていなくても、お互いに大切に思っている、そういう友だちだっていないわけじゃない。

でも、そういう「会えない友だち」は、現実に日々の孤独を慰める相手としての「同行者」ではない。ということは、結局、子どもだった時分や学生時代に毎日のように顔を合わせて笑い合っていたみたいな友だちは、もうどこにもいないのだ。

嫁さんと普通に話せなくなっている男もいる。

というよりも、もしかすると、会話が途絶えてしまっている夫婦の方が、実数としては、多数派であるのかもしれない。

嫁さんと会話が成立している男たちだって、話がはずんでいるわけではない。会話の内容は、会社の愚痴《ぐち》か、あとはテレビの感想ぐらいだ。不毛極まりないといえばその通り。一本の毛も生えてやしない。

が、そんな刺激を欠いた十年一日のルーティンの会話が貴重に思えるほど、大人の男には話し相手がいないのである。

嫁さんが話を聞いてくれない男は、行きつけのスナックにでも行かないといよいよ整理がつかない。

ママを口説《くど》こうとしているわけではない。

ツマミが旨いとか、店の内装が気に入っているというのでもない。

でも、毎日顔を出さないと落ち着かない。

で、幾分酔っ払って、本日の営業日報みたいな話をくどくどと語って長い困難な一日を終えるわけだ。

ところで、嫁さんの方には、実は、友だちがいる。

今回の話題のキモはここだ。なんというのか、どうやら嫁さんたちは、大人になっても友だちを作る能力を失っていないのである。

「男は」「女は」という主語でものを語るとフェミ関係の皆さんがいいがかりを付けにやって来る感じがして、それが面倒なので、先程来、私は「嫁さん」という主語を使ってきたわけなのだが、もう少し丁寧《ていねい》に言えば、ここで私が言っている「女性」は、生物学上の性別とは別の、社会的ないしは文化的な役割を反映した「ジェンダー」としての女性を指している。同様にして、当稿の中の「男」も、ジェンダーとしての男、すなわち、「おっさん」を意味している。男はおっさんに生まれるのではない。おっさんという虚勢雄《おす》みたいな場所に追い込まれる。それが大人になるということの唯一の現実的なありかただからだ。

話を元に戻す。

平成日本の社会的状況において、個々の男は、職業的な単位としてバラバラに分離されている。つまり、おっさんに友だちがいなくなるのは、本人の資質の問題というよりも、社会的な必然なのだ。

であるからして、同じ会社の同僚との交友を無邪気に楽しめるタイプの間抜けでない男は、家族以外の人間関係を持つことができない。当然の展開だ。

その点、嫁さんたちは柔軟だ。

彼女たちは、より地域社会に近い。のみならず、子どもの学校のPTAや、町内会や、ママさんバレーみたいな交流を通じて、常に新しい「社会」と接触を持つ機会を更新している。

別のいい方をするなら、女性は、男性に比べてより多様な集団に帰属しているということだ。早い話、子どもの成長に合わせて、その子どもの母親としてのコミュニティもまた広がって行くわけで、この点だけを取っても彼女たちの交友関係はより豊かになる。

男は、会社に縛られている。のみならず、職業的な地位や肩書きで序列を付けられている。それゆえ、地位に見合った形でしか人間関係を構築できない。指揮系統をそのまま引き写しにした上下関係や、取引関係を反映した主従の序列の中で形成される男社会の人間関係は、水平（フラット）な関係を要する友だち作りには、著しく不利な条件になる。

こんな見え透いた補足のために行数を使うのは心外なのだが、一応断っておく。いろいろな男がいて、いろいろな女がいる。子育ては女だけのものではない。会社に勤めていない男もいるし、働いている女もいる。私がここで例として語っているのは、あくまで「一般的な」例だ。すべての男女が、同じ条件で生きているというつもりはない。そのつもりで読んでほしい。

女性の「序列」について言うと、もしかして彼女たちは「容貌」という学校に通っていた若い時代に支配的だった序列から、むしろ自由になっているのかもしれない。

うん。この論点についても、慎重な物言いが要求される。私が言っているのは一般論だ。すべての女性が容貌に縛られているわけではない。なんというくだくだしい補足だろうか。

もし、私が女性の書き手であるなら、こんな補足は要らない。

この一点だけを見ても、「男」の不自由さは明らかだ。

話を戻す。

女性同士の付き合いは、男性同士の関係性に比べて、より「序列」から自由だ。子どもの学校の成績や、配偶者の会社の序列が人付き合いに多少影響することがないとはいえないが、それにしたところで、組織の中で生きている男が、「立場」や「地位」にがんじがらめにされていることと比べればずっと気楽なはずだ。

ようやく結論が見えてきた。

要するに、われわれを友だちと遠ざけているのは、フェミニストが「男社会」ないしは「ホモ・ソーシャル」と呼んでいるものだったわけだ。マッチョで、権威的で、戦闘的で、利益至上主義的で、集団主義的な「カイシャ」が、男たちを兵隊蟻《あり》みたいな人物像として再造形している。結局、われわれはある種のアパルトヘイト（人種隔離政策）の中にいるわけなのだ。

では、定年を迎えると友だちはよみがえるのだろうか？

カイシャとは別の、オルタナティブな人間関係なり社会を、カイシャと並行して、ある程度維持してきた人間であるのなら、あるいは、定年後の時間に新しい友人を作ることも不可能ではないはずだ。

が、大部分の男にとっては、手遅れだと思う。

たしかに、50歳を過ぎると、クラス会は増える。

が、あれは思いの外《ほか》、淋しい会合になるのだよ。

いろいろと、手遅れだからね。

欠点のない人間はないだろう。
友人の欠点をとがめ立てていたら、
この世に友人というものはないだろう。

by 石川啄木

優秀な人間より欠点の多い人間に親しみを感じるのは、われわれが自分の不完全さを自覚しているからだ。

by 小田嶋隆

# 第6章 ヤクザという生き方

泥棒作家として名高いフランスの文豪、ジャン・ジュネは、その著書『泥棒日記』の中で、

「ヤクザというのは、要するに子どもなのだ」

という一文を書き残している。彼自身がその長い刑務所生活の中で出会ったマフィアの男たちは、どれもこれも、成熟には遠い人間だったというのだ。

その点、泥棒は違う……と、ジュネの奇天烈《きてれつ》な自慢話は続くわけなのだが、その話はまた別の主題になるので、ここでは触れない。大切なのは、「ヤクザは子どもだ」というジュネの観察だ。

もう一つ、ヤクザについて語られた言葉で、私が印象深く記憶しているのは、『仁義なき戦い』の原作者である飯干晃一が、その著書（タイトルは失念）の中で、くり返し述べていたものだ。

「ヤクザは男の理念型だ」

と、飯干晃一は言っている。

この章では、この二つの言葉を鍵に、「友だちとヤンキー」について考えてみたい。

結論を先に述べれば、私は、友だちというのは「ヤンキー」ないしは「子ども」の世界の特産物であるというふうに考えている。特に、男性であるわれわれが心に描く「友だち」の心象は、利害を超越した、絶対の信義と生死を共にする存在で、ということは結局のところこれは、任侠の世界の生き物なのだ。

友だちは、少なくとも、大人の人間同士の関係ではない。なぜなら、友情の前提となる信義と献身は、然るべき合理性を欠いているからだ。それどころか、友情は、それを脅かすものに対して命がけの牙をむくという一点において、反社会的ですらある。

そんなわけで、古来、ヤクザ映画は、ほぼそのまま友情の物語だった。もう少し踏み込んだいい方をするなら、任侠映画と呼ばれる一連の映像作品は、暴力を伴った威圧や、抗争に付随する殺人といった反社会的な所業をくり返す暴力団の男たちの生活を、「任侠」ないしは「友情」という観点から描出した、美化過程だったということだ。

私は善《よ》し悪《あ》しを言っているのではない。友情という言葉を目の前にした時に、われわれがいかに盲目になるのかということについて述べているつもりだ。

もっとも、『仁義なき戦い』を始めとする、いわゆる「実録モノ」路線の暴力団映画が登場して以来、ヤクザを主人公とする映画が、直接に「任侠」や「友情」を主題として取り上げることは少なくなっている。

が、それ以前の、『昭和残侠伝』や『唐獅子牡丹《からじしぼたん》』『網走番外地』といった一連のシリーズ作品は、いずれも男の信義と友情を高らかにうたいあげるテの物語だった。『仁義なき戦い』においても、「友情」は、依然、サブストーリーとして、重要な位置を占めている。結局、あまたある作中人物の死よりも「任侠という生き方の死滅」それ自体を、より深刻な悲劇として描写していた時点で、『仁義なき戦い』も、やはり「任侠」（つまり友情）賛美の映画ではあったということだ。

これらの男気《おとこぎ》あふれる作品の中では、裏切った人間を殺戮《さつりく》することや、盟友に害を為した人間に報復することは、無条件の美徳として描写される。しかも、こうしたヤクザの身勝手な行動原理は、「信義に厚い男たち」「不器用だが真実な人間」というふうに美化され、観客は観客で、スクリーンいっぱいに広がる「友情の不滅」と「命の儚《はかな》さ」に酔うことになっている。

人気マンガ『ワンピース』も基本線は友情の物語だ。

作品を支えているプロットは、任侠映画のそれと寸分違わない。信義と黙契《もっけい》、裏切りと報復、友情の不滅、死をも恐れぬ献身……こうした任侠モノを特徴付ける目次立ては、少年マンガの黄金郷でもある。というよりも、『少年ジャンプ』が、掲げている「友情・努力・勝利」という三原則は、ほんの少し改変すればそのままヤクザ映画の作品プロットとして転用可能な「前期任侠原則」そのものだ。

ともあれ、こうしたフィクションの世界で描かれる「友情」は、しばしば、現実世界の「良識」や「法」と対立する。と、イリーガル（非合法）な世界に追放された友情は、ますますその輝きを増す。

実にやっかいな逆説だが、友情は、それが虐《しいた》げられた人間同士の間に交わされたものであるほど、美しいと見なされることになっているものでもある。

大人になると友だちができなくなるのは、マテリアルワールドに生きる人間の判断基準が、「信義」よりも、「利害」に重点を移すからだ……と、情の無いいい方をすれば、そうなる。が、われわれとて、哀れな我利我利《がりがり》亡者になり果てただけの存在でもない。

むしろ、事実上の問題として大きいのは、いい大人が友情なんて恥ずかしくて口にできないという、含羞《がんしゅう》の感覚だ。それというのも、実際問題として、大人になった人間にとって、友情は、恋愛や家族愛よりもさらに白々《しらじら》しい虚構であるからだ。

たとえばの話、男女間に仮託されている「恋愛」という物語は、絵空事に見えて、その実、性欲という確固たる根拠を持っている。社会的にも「家庭」という単位を構成しているし、「結婚」という制度に関しては、法律と税制がそれを最大限に保護している。

であるから、仮に、明示的な「愛情」が二人の間から失われていたのだとしても、「愛」の物語である「結婚」は、簡単には壊れない。入籍した男女は、ひとつの社会的な単位として世間に対峙しているし、経済的な一対としても機能している。ということは「愛情」の有無にかかわらず、われわれは、事実上「愛」を基盤に一対の男女が築く「家族」という擬制の中で生活しているわけなのだ。

対して、「友情」は、実質を伴わない。当該の人間同士の間にある目に見えない信義と共感以外には、戸籍に残る記録もなければ、税法上の優遇措置もない。もちろん、当然のことながら、子孫を為すこともないし、共に住む家を持っているわけでもない。

そんなわけなので、大人の男にとって、友情は、実質的には、「郷愁」とそんなに変わらない。

友だちは懐かしい。

会えればうれしい。

でも、社会人として働き、家庭人として起居する男の生活に、友情が入り込む隙間は、実は、ほとんど残っていない。

ジュネが、ヤクザを「子ども」と表現したのは、アウトロー組織の中で暮らす男たちの人間関係が、ギャング・エイジの小学生のそれと同じであり、仲間うちの掟を至上とする彼らの対人従属的な価値観が、学齢期の少年と選ぶところのないものだったからだ。

飯干晃一の言う「男の理念型」という言葉もほとんど同じ内容を指している。すなわち、「力」を崇拝し、「徒党」を好み、「身内」と「敵」を過剰に峻別し、「縄張り」に敏感な「ガキ」の「仲間意識」から一生涯外に出ない人間たちを、飯干は「男」および「ヤクザ」と呼んだわけで、別の言葉で言えば、男であることと、子どもであることと、ヤクザであることは、三位一体《さんみいったい》の鼎足《ていそく》を為す形で、完全に一致している。

それゆえ、われわれは、子どもっぽく振る舞うか、悪ぶるかしないと「友情の芝居」を貫徹することができない。自然な、ありのままの大人の男であることと、誰かの友だちであることを両立させるのは、やってみるとわかるがひどくむずかしいものなのだ。なんと皮肉ななりゆきではないか。

数年前に、ある少年事件に関連して、15歳から17歳ぐらいまでの非行少年のプロフ（インターネット上に置かれた自己紹介ページの類）を大量に閲覧したことがある。その折、私は、彼らのあまりな幼さに痛ましい気持ちを抱かずにはおれなかった。

彼らのプロフページには、それこそ判で押したように、同じ文言が書き連ねられている。

「仲間のためなら命を投げ出すぜ」

「最高の地元で、オレは最高の仲間に恵まれてる」

「自慢の宝物は仲間だよ」

プロフの文面からは、彼らの「不品行」が、ある部分、「仲間」との連帯を証《あかし》立てるための「儀式」であったことがありありと伝わってくる。

逆に言えば、マトモな社会人になって、大人たちに褒《ほ》められる真っ当な少年になることは、彼らの中では、そのまま仲間を裏切ることにつながっているようだった。あるいは、もう少し別の見方をするなら、いい歳をして、いつまでも友情なんかに絡め取られている人間は、人生を踏み誤るということだ。

その意味で、早い段階で友だちと疎遠になった私のような人間は、要領がよかったのだといえば言える。

ともあれ、元ヤンと呼ばれる「昔やんちゃした男たち」は、仲間には恵まれている。

独り立ちして、勉強したり働いたりせねばならなかった時期に、いつまでもダチとツルんでいたことの報いを受けて、彼らの多くは、高い学歴や職能とは縁の少ない暮らし方をしている。でも、その彼らは、オヤジになってなお、相変わらず一緒にバカをやれる仲間を持っている。

いずれが勝ち組であるのか、簡単には判断できない。

私は、もう一回生きても、どうせ同じことしかできない。まあ、それは、お互いさまだろうけど。

無知な友人ほどに危険なものはない。
賢い敵のほうがずっとましだ。

by
ラ・フォンテーヌ

かといって、賢い人間とは友だちになれない。背広を着たまま眠れないように。

by 小田嶋隆

# 第7章 友情と愚行

たとえばの話、「友だち」という言葉を、単純に「親しく行き来している人間」と定義すれば、いま現在でも、十やそこらの顔を思い浮かべることができる。私も、若い頃に比べれば、多少は人当たりがよくなっている。で、日常的に交際している人々とは、おおむね良好な関係を保っている。つまり、私は、昔自分が考えていたよりは、ずっと社交的な中年男になりおおせているわけだ。

ただ、その、現在親しく付き合っている彼らを、私は、「友だち」であるというふうには考えていない。

親しみを感じないとか、好きじゃないということではない。好ましい人柄だと感じているからこそ行き来しているわけだし、何回か会ううちにはそれなりの親近感を抱いてもいる。

では、どうして彼らは友だちではないのか。

おそらく、バカな時間を共有していないからだ。

私の中では、「友だち」は、「愚行」とわかちがたく結びついている。

実際にはそんなに深い付き合いがなくても、古い知り合いの中には「友だち」がたくさんいる。

歌舞伎町でナンパをして、一緒にコワいお兄さんに追いかけられたエトウとは、大学卒業以来、30年以上会っていない。それでも、友だちだと思っている。

今でも、たぶん、顔を会わせれば、一瞬であの時代に戻ることができるはずだ。というのも、私たちは、後ろも見ずに百人町（東京・新宿）まで走り切るほどコワい思いを共有していたからだ。が、それもこれも、過ぎてしまえば、あんなに楽しかったことはない、といった調子で、記憶は粉飾される。かように、愚行は、決定的なものだ。だからこそ、若い時のバカは買ってでもしろと、賢そうな若者を見かける度に、私はそう言いたくなるのだ。彼らも、50歳を過ぎればわかる。男にとって本当にとりかえしがつかないのは、二度とバカなことができない年齢に到達してしまうことなのだ。

友だちは、私にとって、自分が若く、愚かだった時代を保存する密閉容器のようなものだ。その意味で、大人になってから、すっかり疎遠《そえん》になってしまっている人間でも、共通の愚行に関連付けられている名前は、私の脳内では、友だちというタグとともに呼び出されることになる。彼らは、いってみれば史料であり、私自身の過去そのものでもある。だからこそ、その懐かしさには、大量のエゴが含まれている。

対照的に、社会人になってから出会った人間は、どんなに親しく付き合っていても、最終的な部分で、やはり友だちにはなれない。

理由は、いくつかある。

なにより、社会人の交際には、利害が絡んでいる。相手が得意先の人間だったり、取引先の社員だったりする限りにおいて、彼我《ひが》の関係には、仕事がらみの匂いがつきまとう。これは、意外なほど大きな障壁になる。そういう意味で、仕事抜きで知り合うことができたら、もっと親密になれたかもしれないと思える相手を、誰もが、一人や二人、持っているのかもしれない。が、仕事を通じて知り合った人間同士が、仕事抜きの関係に戻ることは、おそらく、恋人が友だちに戻ること以上に困難なはずだ。

同じ会社の同僚の間には、得意先とは別の、微妙な力関係が介在している。同僚は、クラスメートみたいに無邪気には付き合えない。そんなふりができるというだけだ。

とはいえ、業界は、話の合う仲間の宝庫ではある。私自身、酒抜きで思うままに話ができる相手は、編集者やライターといった出版界の人間にほぼ限られる。同じ業界の人間は、興味の対象や経験において共通する部分が大きい。だから、くだくだしい背景説明抜きで直接話題の核心に踏み込むことができる。この簡略さは貴重だ。

別のいい方をするなら、大人になって、仕事漬けの暮らしをするようになった人間は、同じ業界の人間としか話ができにくくなるということだ。この傾向を成熟と呼ぶのか、人間性の歪曲《わいきょく》と呼ぶべきなのか、軽々に断定することはできない。いずれにせよ、われわれは、職業人としての経験を積めば積んだだけ、間口の狭い人間になる。これはどうしようもないことだ。

さて、それほど話が合うのなら、同業者の中に友だちができても良さそうなものなのだが、なぜなのか、これがなかなかそういう次第にはならない。同業者同士は、多くの場合、顔をそむけ合って握手するみたいな、奇妙な関係を形成するに至る。親しいのに打ち解けない。あるいは、話は弾むのに気を許すことができない。

どうしてだろうか。

思うに、「言葉」が邪魔をしている。

もう少し具体的にいえば、敬語で始まる関係は、友だちに着地しにくいということだ。

「忙しいってのは、翻訳すると、オレと会うのが面倒だということか？」

「お前が面倒くさい奴だという見方には賛成だけど、今回は本当に忙しいんだよ」

「そんなこと言うなよ。友だちだろ」

「友だちなら忙しさぐらいわかれよ」

と、この種の無遠慮な会話は、ガキの時代を共有した人間同士の間でないと不可能だ。


毎週のように電話をし、同じ仕事で頭を付き合わせ、さまざまな共同作業に従事している担当編集者との付き合いは、ある意味で、古い友だちよりも深い。が、それでも、どんなに親しくなっても、敬語で始まった関係は、敬語から外に出られない。そして、敬語を介して会話をしている限りにおいて、二人の間には、真摯《しんし》な感情が通わないのだ。

というよりも、そもそも、敬語というのは、「感情を抑制する」目的で発明されたもので、上下関係を孕《はら》む人間同士のやりとりを不必要に複雑化することを防ぐために、われわれは敬語を使っている。仕事上の関係も、できれば感情に絡め取られない方がよい。だから、社会的な関係は、敬語を要請する。

互いの名前を呼び捨てで呼び合う関係（友だちということ）の方が、むしろ特殊な人間関係だと言い換えてもいい。

ひとつ不思議なのは、海外で知り合ったり、一緒に海外旅行をした人間とは、わりと簡単に「友だち」になれるということだ。無論、場所が海外であれ、1日や2日行動を共にしたぐらいのことで、いい大人が即座に友だちになるというものではない。が、外国語を使う環境下で知り合った人間とは、敬語を離れた、一種特別な関係ができあがる。と、少なくとも、双方の間には、現地にいる間は、擬似的な友人関係が形成されるものなのだ。

ついでに言えば、外国人の知り合いも、たやすく「友だち」になれる。言葉の壁が介在してなお、だ。このことはつまり、カタコトの英語で語り合う方が、敬語の日本語で交流する場合よりは距離が近いということなのかもしれない。

とにかく、外人さんが

「コール・ミー・ジョニー」

みたいな挨拶を交わしながら、握手をしている姿は、われわれから見て、実にうらやましい図だ。彼らは、年齢が10歳以上隔たっていても

「ヘイ、ポール」

「ハーイ、トム、ホワッツアップ？」

てな調子で対等に言葉を交わすことができる。

もちろん、フラットに語っているのは、言葉の上だけのことで、彼らには彼らなりの上下関係や緊張があるといえばあるのだろう。

が、それでも、敬語という距離調節言語を使わずに済んでいるだけでも、英語話者は、われわれに比べて友だちを作る上では有利な位置にいるはずなのだ。

古い友だちとの再会は、同時に「敬語を使っていない自分」に再会する機会でもある。そして、「敬語を使わないオレ」は、「私」を開放する。

少なくとも私は、一人称の主語として「オレ」という人称代名詞を使っている時は、自分が本当のことを言っている気持ちになる。

実際には、主語が「オレ」でも、遠慮している時は遠慮しているわけだし、「私」に語らせている時でも、本音を開陳しているケースがないわけではない。

が、開放感は、まるで違う。

もしかすると、方言を使う人たちは、自分のお国言葉に戻った時に同じような開放感を味わっているのかもしれない。とすると、明確な方言を持たない（東京方言が、かなりの部分、共通語に吸収されてしまっているという意味で）東京の人間は、その点で、不利なのかもしれない。

というよりも、私にとっては、子ども時代の言葉が自分のお国言葉になるわけで、ということはつまり、オレは故郷から追放されているのだろうか。

友を探し求めるものは不幸である。というのは、
忠実な友はただ彼自身のみなのであるから。
友を探し求めるものは、己自身に忠実な友たりえない。

by ヘンリー・D・ソロー

愛と勇気だけが友だちだったアンパンマンの孤独に
ついて考えたことがあるかね？

by 小田嶋隆

# 第8章 グラスの底に友情はあるのか

酒を飲む人間には仲間がいる。

少なくとも、ハタから見るとそんなふうに見える。

酒飲みは連帯する。激しく同意し、些細《ささい》なことで笑い、たやすく団結し、またたく間に友情を抱き合う。それもそのはず、酒は羞恥を打ち砕くハンマーであり、警戒心を眠らせる魔法の杖だからだ。

この章では、飲み友だちについて考えてみたい。

先に結論を述べておく。私は、飲み仲間を友だちだとは考えていない。というのも、酒を飲んでいる人間は、別世界の住人であり、酒の中で築いた友情は、竜宮城における交友と同じく、現実のものではないからだ。玉手箱を開けてみればわかる。煙が消えた後には何も残らない。鏡を見ると、不機嫌な年寄りがこっちを見ている。友だちではない。素面《しらふ》に戻ったオレだ。

第2章でも少し触れたが、40代に入る手前までの10年間ほど、私はアルコール依存症の患者だった。その間、つまり、いちばんひどい酔っ払いだった10年ほどの間、私は通常の意味でいうところの友だちとは、かなり疎遠になっていた。さもありなん、私は、酔っていない時は無気力な気鬱《きうつ》症患者で、酔っている時は支離滅裂な自我狂だった。そんな人間と交友を深めたいと思う人間が、そうそういるはずもないではないか。

が、酒場には仲間がいた。酒を飲む人間は、孤高を自認していながら、その実、仲間を求めている。だからこそ、われわれは酒場に繰り出す。そして、あるタイプの酒場に常駐している自分によく似た人間と、その場限りの友情をあたため合うのである。

「その場限り」といっても、一定のつながりはある。同じ酒場でいつも顔を合わせる者同士の間には、ある連帯意識が生じる。だから、気が向けば同じテーブルを囲んで飲むし、話が合うタイプの人間とは、連れだって別の酒場に繰り出すこともある。

「どうです、これから蒲田あたりに遠征ってのは？」

私にもそういう仲間がいた。

われわれは、蒲田や、大森や、下谷あたりの酒場で正体不明になり、時には新宿界隈で行方不明になった。

ところが、酒をやめてみると、酒場の友だちとはきれいに縁が切れる。当然だ。夢からさめた浦島太郎が、どうして、陸に上がってなお、鯛やヒラメと付き合わねばならないというのだ？

冷たいいい方に聞こえるかもしれない。

が、仕方がないのだ。酒をやめた人間は、酒に対して否定的になりがちだ。酒に関連するあれこれについても、同じように厳しい評価を下す傾向が強い。私自身も、だから酒の上での友だちに関しては、評点が厳しい。この点は、ぜひご理解いただきたい。私とて、いまさら竜宮城に戻れる体ではないわけだし、次に潜るのは、たぶん溺《でき》死《し》する時になるはずだからだ。

というよりも、正直なところを申し上げるに、私は、一緒に何軒もの店をハシゴし、時には始発まで飲み明かし、カネの貸し借りをし、互いに忘れ物を保管し、マフラーを交換したりしつつ、あれほど親しく行き来していた彼らについて、ほとんど何も知らないのだ。要するに、一緒に飲んでまわる相手が欲しかったというだけのことで、私は、彼らの話をほとんどまるで聞いていなかったわけだ。

酔っ払いは、閉鎖回路を循環する濁流のようなものだ。あるいは、洗面器の縁を歩くナメクジに似ているのかもしれない。本人はまっすぐに歩いているつもりでも、一定の時間が経過すると、必ず同じところに戻っている。

しかも、彼らの話は、多くの場合、無意味な愚痴であり、架空の自慢話だ。そうでない時でも、延々と知識をひけらかしているだけだったりする。普通の神経では、とても聞いていられない。が、酒場の友だちはその話に、熱心に耳を傾けてくれる。

いや、本当は、聴いているのではない。

酔っ払いの会話が、素面の人間の対話に比べて盛り上がっているように見えるのは、酔っ払い同士が、互いに、相手の話をまるで聴いていないからだ。しかも、彼らは、先方が自分の話を聴いていないことに気づいていない。

つまり、酔っ払うということは、人の話を聴かないということでもあれば、他人が自分の話を聴いていないことに気づかなくなるということでもあるわけで、かくして、二人の酔っ払いの間には、互いにボールを投げるだけで、誰もボールを受け止めない、狂ったキャッチボールのようなコミュニケーションが成立する。

酔っ払い同士は、飲んでいる間、お互いを、かけがえのない友だちだと感じている。あるいは、そんなふりをしている。その、擬似的な友情が心地よいのは、双方の間に、何らの責任も生じないからでもあるし、お互いが、本名さえ知らずに別れることを、あらかじめ知っているからでもある。

ちなみに、酒場の友だちと素面で会うことは、原則としてあり得ない。このことについては、双方の間にはじめから暗黙の合意ができている。なにかの拍子に、仕事先で出くわしたりすると、互いに居心地の悪い思いをする。なぜなら、自分たちが酒場で演じているキャラクターが、半ば架空のものであり、他方、酒の無い世界での自分もまた、それはそれで白々しい人間であることに彼ら自身、気づいているからだ。

つまり、友情は、酒のサカナだったということだ。

私のような困った酔っ払いでない皆さんは、節度のある酒を飲んでいるはずだ。で、そういう紳士的な人々は、酒が、人間関係をなめらかにする潤滑油であるというふうに考えているのかもしれない。

でも、せっかくだから言わせてもらう。

酒の上での関係は、手ひどい酔っ払い同士の場合でなくても、必ず一定量のウソを含んでいる。一緒に酒を飲んでわかり合ったような気持ちになるのは、あれは、複数の人間が「酒」というゲームに乗っかって関係を増幅しているに過ぎないのであって、実際にわかり合っているわけではない。

端的な例を挙げる。

一組の若い男女が、一緒に酒を飲んでいる場面を想像してみてほしい。二人は、話に夢中になっているうちに、つい、終電を逃してしまう。

「あれ？　もしかして、12時半過ぎてる？」

「えっ。やっだぁー、あたし、飲み過ぎたみたい。時間のことすっかり忘れてたぁー」

と、言っている二人の会話が、まったくのインチキだと言い張るつもりはない。しかしながら、若い二人にとって、酒が、「うっかり終電に乗り損ねるための共通の弁解」になっている事実は、やはり指摘しておかなければならない。いきなりホテルに同宿する相談を持ち出すことは、若い二人にとって、いかにもハードルが高い。だからこそ、二人して終電を失って夜の街に一夜の宿を求めざるを得ない状況を作るために、彼らには、酒が必要だったわけで、酒は、かように、あらかじめ用意された「愚行へのチケット」として常に万人に向けて売り出されているところのものなのである。

編集者とライターの打ち合わせでも同じことだ。

お互いが、「酔った上での話」であることに合意すれば、その場で、擬似的な無礼講を設定することができる。と、互いの立場や利害を一時的に無効化（ないしは「無効化したふり」が）できる。

「コバヤシさん。私も今夜はすっかり酔っ払っちゃったから思い切って言いますけどね」

「おおそうか酔ったんならコバちゃんと呼べよ」

「じゃあ、コバちゃん。言いますよオレは。腹の中のこと全部言いますよ。オレ、ずっと前から思ってたんだけど、おタクの副編（副編集長）の○○さん、オレ、嫌いです」

「おお。そうかヤマちゃん。キミも嫌いだったか」

何を言いたいのか説明する。

酒の上での友情は、酒と一緒に醒める。

酒の上での「腹を割った話」も、男女の一夜のあやまちと同じく、むしろ禍根《かこん》を残すことの方が多い。

ついでに、もう一歩踏み込んで言っておく。

同じ趣味のサークル内での交友や、職場限定の連帯や、同じ御輿《みこし》の下で発揮される友情も同じだ。その種の、シチュエーションを限定した中で成立している友情は、結局のところ、酒のサカナと同じものなのだ。

ある年齢に達した男たちが、アルコール依存というわけでもないのに、どうしても酒場に通わずにおれないのは、たぶん、友だちがいないからだ。

「友だちだから飲むんじゃないのか？」

違う。酒なら誰とだって飲める。たとえば、犬が相手でも、酒ならなんとか飲める。かなり嫌いな奴でも、酒を飲みながらだったら話ができる。ところがブツがコーヒーになるとそうはいかない。話の噛み合わない奴が相手だと、30分ともたない。

というわけで、結論。

コーヒーで3時間話せる相手を友だちと呼ぶ。

ワイングラスの向こう側で笑っているあいつは友だちではない。

たぶん、生前葬の列席者みたいなものだ。

世間の人が友愛と呼んでいるものは、ただの社交、欲望の駆け引き、親切のとりかえっこに過ぎない。結局、自愛が常に何かの得をしようとする一種の取引に過ぎない。

by ラ・ロシュフーコー

ギブ・アンド・テイクの取引に不満を抱く人間がいるのだとしたら、彼は一方的に奪うことしか考えていないのであろう。

by 小田嶋隆

# 第9章　コストとベネフィットとセックスレスと退廃

たしか第3章で

「友だちは子どものためのものだ」

という意味のことを書いた。

このことは、逆方向から観察すれば、別の言葉で言い直すことができる。すなわち

「成熟とは友だちが要らなくなること」

なのである。

事実、大人になると、友だちは、多くの場面において、不要になる。あるいは、より実態に即したいい方をするなら、30歳を過ぎた人間にとって、友だちは、むしろ、厄介な存在になっている。

もっとも、

「何歳になっても友だちは友だちだ」

と主張する人もいるはずだ。たしかに、必ずしも友だちが必要でなくても、いないよりはいた方がいいということはあるわけで、そういう意味で、友だちは、人が人であるために、持っていてしかるべきものではある。

とはいえ、大人になった人間にとって、友だちに会うための時間を作ることが、年を追って困難になるという事情は、やはり動かしがたい。

大人の時間は有限だ。一方、友だちは流れない時間の中に住んでいる。ということは、大人は、事実上、友だちに会えなくなる。当然の展開だ。

ここにSNS（ソーシャル・ネットワーキング・サービス）が登場する。

ツイッターやフェイスブックを「友だちを作るためのツール」と見なしている人は、根本的なところで考え違いをしている。あれは「友だちを増やすためのツール」ではない。「友だちのコストを下げるためのツール」だ。ネット上に引き上げることによって、友だちはローコストになる。コミュニケーションは安価になり、時間はシェアされ、言葉は使い回しが効くようになる。ベネフィットは、たぶんそんなに変わらない。

仔細《しさい》に観察すれば、SNSは、既に、コミュニケーションの基礎的なコストを、軽い会釈《えしゃく》以前の水準まで引き下げることに成功している。だからこそ、われわれは、

「やぎさんゆうびん」で互いの手紙を永遠に食べ続ける2匹の山羊《やぎ》よろしく、原則無料のジャンクなコミュニケーションに依存している。

どんなに仲のいい友だちが相手でも、誰かと会うための時間を作ることは、大人にとって、簡単な仕事ではない。場所の問題もあるし、それなりにカネもかかる。と、気がついた時には、5年も顔を見ていないという事態に立ち至る。あるいは、会う機会が正月の帰省の機会に限られていて、なんだかいつも大勢の中でわめいているだけの関係に堕していたりする。

「今度ゆっくり飲もう」

と、会うたびにそんな挨拶を交わしながら、ひとつも実のある話ができない。そうやって20年が経過してしまう。で、あらためて向き合ってみると、お互いに、見る影もないオヤジになっている。なんと悲しい運命ではないか。

フェイスブックのえらいところは、遠い土地にいる人間との間のとりあえずの通信回路を瞬《また》く間《た》に回復してくれることだ。

私自身は、フェイスブックについては、形式的にアカウントを作っただけで、友だちは、いまだに一人しか承認していない。自分のほうから情報発信もしないし、連絡手段として活用することもしていない。

それでも、このツールの便利さは圧倒的だ。登録さえしておけば、いつでも名前を検索できる。誰かがフェイスブックページを公開している場合、それを閲覧することもできる。おかげで、私は、ほとんどコストをかけることなく、気になっている人間の近況にアクセスし、それを眺めている。

と、文字にしてしまえば、たったこれだけのことなのだが、たったこれだけのことが、案外バカにならない。おそらく今後、フェイスブックは、年賀状が果たしていた役割を充実させる形で、硬軟織り交ぜた知り合いの「近況データベース」として、日本の世間付き合いの標準ツールになっていくはずだ。

「近況だけか？」

と、思う人には、ぜひ強調しておきたいのだが、近況以上に有効な情報は、存在しない。なぜなら、たいして親しくもないほとんどすべての知り合いについては、近況を知る以上の関わりはむしろ邪魔だったりするからだ。ということは、フェイスブックは、コストをかけずに関係を維持するためのツールとしては、どうにも優秀なヤツなのである。

無論、無思慮に公開した近況が古い時代のストーカーを呼び寄せたり、すっかり鎮《ちん》火《か》していたはずの焼けぼっくいが無駄に炎上したりというリスクがないわけではない。が、そうした出来事は、どっちみち友だちとは関係のない世界の話だ。

フェイスブックは、文字通りに「顔」を管理するためのツールだ。ここで言う「顔」とは、「体面」のことだ。より詳細に言うなら、「対社会的な外面上の諸設定」を意味している。

つまり、フェイスブックは、あくまでも、「外面」を整えるためのツールなのである。

が、友だちは、内面に棲んでいる。

とすると、意味論的には、「マインドブック」なり「ハートブック」なりを持ち出さないと、友だちは管理できないことになるわけだが、このいい方は、実のところ、言葉の綾《あや》に過ぎない。

というのも、「心」は、そもそも管理できない要素だからだ。でなくても、「心」をネット上に公開したら、その人間は破滅せねばならない。「友だち」も同様だ。あるタイプの友情は、公開設定にした瞬間に意味を失う。まあ、玉手箱みたいなものだ。

私のツイッターの使い方は、典型的なものではない。どちらかといえば、フェイスブックの設定に近い。特徴を列挙すると

・実名、顔写真つきのアカウントを採用している。

・原則としてフォローする相手はリアルで会ったことのある人間に限定している。
・自分がフォローしている人から話し掛けられた場合は、なるべく返事を怠らないようにしている。

という感じだ。

現在、70数名の知り合いと相互フォローしている。この人たちを、「友だち」と呼ぶのかどうかは、趣味の問題なのだろうが、どう呼ぶのであれ、実質的に私がもっとも頻繁にやりとりをしているがこの70数名ではあることは事実だ。ほかに「友だち」がいるのだとしても、その「友だち」とは、すっかり疎遠になっている。ということは、私の、「交友」は、ほぼネットに依存しているわけだ。

これは、頽廃《たいはい》なのだというふうに私は考えている。

どういうことなのかというと、私は、自分がコストのかからない付き合いしかしなくなっていることについて、ある懸念を抱いているということだ。

仮に、ツイッターがなかったら、私の日常は、現在よりかなり淋しいものになる。

これは間違いない。

もし、ツイッターがなくなったら、私は、現実の（つまりネットに頼らない）人間関係を充実させにかかるかもしれない。具体的には、古い友だちに電話をかけたり、親しい編集者と会食の約束をしたりというふうに、私は、多少のコストをかけてでも、生活の中に「会話」を求める努力を傾けざるを得なくなるはずだ。

ところが、現実には、ネット上のやりとりで当面の社交欲求は満たされる。だから、私は、特段の用件がない限り、ほとんど誰にも会わず、半ば引きこもった状態で、日常を運営している次第だ。

頽廃は頽廃なのだとして、この状態は、私には、なかなか快適でもある。

善し悪しは別にして、はっきりしているのは、テクノロジーの進歩が不可逆的だということだ。われわれは、対人コミュニケーションに関して、新しいツールを手にする以前の段階に後戻りすることはできない。これは、いたしかたのないことだ。

鉄道という移動手段を獲得した以上、歩いて京都に行くことは、事実上不可能になる。

と、「旅」という言葉の現実的な意味も、松尾芭蕉の時代と現代では、まったく異なったものになる。

同じように、友情や恋愛も、電話が普及する以前と以後ではかなり様相の違ったものになっているはずで、とすれば、インターネットとスマートフォンとその上で動くラインのようなアプリが前提となっている時代の「友だち」は、おそらく、昭和の人間である私が拘泥《こうでい》している形式とは、そもそも前提からして違っているのかもしれない。

「本当に大切な気持ちは言葉にできない」という私の世代の人間が牢固として抱いている思い込みは、おそらく、この先10年ほどのうちに、「気のせいだよ」ということで退けられることになるはずだ。

とすると、ネットですべてが伝わることになるわけで、してみると、われわれは、わざわざ顔を会わせる理由を喪失していくのだろうか。

もしかすると、昨今言われているセックスレスや少子化は、われわれが人間関係に費やすコストをあまりにも低いところに設定してしまっていることの報いであるのかもしれない。

恋愛的な友情は恋愛よりも美しい。だがいっそう有毒だ。なぜなら、それは傷を作り、しかも傷の手当てをしないからだ。

by ロマン・ロラン

友情的な恋愛は友情よりも力強い。だがいっそう壊れやすい。なぜなら、それは公平であることを求め、しかも原理的に不公平だからだ。 by 小田嶋隆

# 第10章 異邦人であることの有利さについて

２０００年の12月に、10日間ほどの旅程でインドを訪れたことがある。仕事といえば仕事なのだが、肝心の仕事の中身は、なりゆきまかせというのか、最後まで未定だった。

「交通費と宿泊費は負担するが、ギャラは取材結果を執筆する媒体から受け取ってほしい」

という、ちょっと不思議なオファーだった。

結果を述べれば、この時のインド取材について、私は、原稿の執筆先を見つけることができなかった。ということは、仕事にならなかったわけだ。が、それはそれでよかったのだと思っている。

というのも、２０００年当時、私はまだアルコール依存症からの回復の途上にあって、完全な状態ではなかったからだ。旅自体も、リハビリのひとつと思えば、それなりに有意義な過程だった。

訪印の直接の目的は、「トランスフォーミング・ワールド」（以下「TW」と略称）と名付けられたワークショップに参加することだった。「TW」は、第三世界のクリエイターを中心に、約30カ国から60人ほどの人間が集まって意見交換をする枠組みだ。「国際会議」というほどカタいものではない。「日本の国際交流基金が資金提供をして立ち上げたNGO」ぐらいな表現が妥当なところだと思う。

2000年のミーティングは、「TW」を立ち上げるための初会合というふれこみのパーティーとイベントを含んだものだった。参加メンバーは、期間内の適当なタイミングで、それぞれ10分ほどのスピーチをすることと、出身国の歌をアカペラで歌う義務を負っていたが、それ以外はまったくの自由行動を許されていた。スケジュールは、バンガロールというインド中部にある都市のホテルを中心に、近隣の村での農業見学やバングラデシュの自然活動家による映画の上映会、民族音楽の催しなどをこなしながら、のんびりと進んだ。

特筆すべきは、現地に10日ほど滞在する間に、10人ほどの外国人の友だちを作ったことだ。これは、私としてはかなり珍しいことだ。外国人にせよ、日本人にせよ、私は、成人してからこっち、新しい友だちを作った経験がなかった。してみると、この折のインド訪問は、実に貴重な体験だったと申し上げてよい。

もっとも、友だちになったとはいっても、帰国してから幾人かとメールのやりとりをしただけで、実績としては、帰国以来、誰とも会っていない。

つまり、結果から判断すれば、行きずりの友だちだったということになる。

とはいえ、大切なのは、行きずりであれ、期間限定であれ、私のような偏屈な人間が、10日という短期間のうちに親しく語り合う幾人かの仲間を作り得たというその実績だ。

どうしてそんなことが可能だったのだろうか。

理由は、おそらく、言葉のせいだ。

私の英語が達者だったから、と?

違う。逆だ。

英語が稚拙《ちせつ》だったからこそ、私は、見知らぬ人々と親しく心を通わせることができたのである。

私の英語力は、今も昔も、ちょっとマセた5歳児程度だ。学校を出た当時の設定から、ほとんどまったく進歩していない。音楽やスポーツの話なら、なんとかこちらの意思を伝えることはできるが、抽象的な話はできない。聴き取りも怪しい。相手が、ゆっくりした速度で、シンプルな単語を使ってしゃべってくれれば、8割方は聴き取ることができる。でも、むずかしい話は無理だ。天気と体調と互いの国の食べ物の話を行ったり来たりしながら、時々、半端なジョークを並べる。まあ、観光客の話しっぷりということだ。

そんなわけで、言葉が足りない分は、笑顔とアクションで補っていた。満面の笑みと大げさなボディアクション。それと、常に持ち歩いているデジタルのギミック。この「笑顔とアクション」が、友だちを作る上で威力を発揮していたのだと思う。

要するに、友だちを作るのは、言葉ではなくて、笑顔だということだ。まあ、当たり前の話だが。

日本語でしゃべる時の私は、早口で声が小さい。しかも無表情だ。ということはつまり、素のオダジマは、かなり「とっつきにくい」タイプのヒトであるわけだ。

ところが、英語を使うオダジマは、声のデカい陽気な男に変貌する。しかも、常に変わらぬ満面の笑みを浮かべている。つまり、グローバル仕様のオダジマは、ボキャブラリーに乏しく、知能指数において若干低いきらいはあるものの、すこぶるフレンドリーでビビッドな、極めつけの好人物なのである。

かくして、極東の日《ひい》出ずる国から、最新型のデジカメと声の出る電子辞書を携えてやって来た小柄な紳士は、なかなかの人気者で、レバノン人の女性ジャーナリストや、オーストラリア出身の動物カメラマンと大いに意気投合しつつ、連日連夜不自由な英語で友情をあたためた次第なのである。

「おお、なんと、お前はフィリップ・トルシエを知っているというのか」

「知ってるも知らないも、あの厄介なフランス人はつい2年前までうちの国の代表監督だったんだぞ」

滞在何日目かに、私は、南アフリカからやってきたという独立派の詩人を名乗る男と、フラットスリーの実効性についてかなり突っ込んだ会話をした。

「あいつはコーチというより調教師だぞ」

「羊飼いのつもりでいるみたいだが」

「ははは。うちの国の選手は羊じゃなかった」

「ニポンの選手はわりと羊かもしれない」

「気を付けろ。あいつの目当ては毛と肉だぞ（笑）」

この経験から導き出される教訓はこういうことだ。

すなわち、人と人が親しく語り合うためには、高度なボキャブラリーは不要だということだ。

抽象的な単語や、知的なボキャブラリーは、初対面の人間同士が打ち解けるためには、むしろ障害になる。

互いの国のサッカー選手の名前と、好きな食べ物の英語名と、若い頃に熱中した歌の文句を諳《そら》んじてみせれば、話の7割が固有名詞の羅列であっても、会話は成立し、友情は育まれる。

言葉という武器を持っていない人間は、フレンドリーであること以外に身を守る術《すべ》を持っていないということだ。

たしかに、振り返ってみれば、レトリックやボキャブラリーで武装する以前の子どもだった時代の私は、今よりもずっとフレンドリーな人間だった。

それが、いつの頃からなのか、気むずかしい、付き合いづらいオヤジになってしまったわけで、そのことを思えば、大人になった人間は、時々言葉を忘れた方がいいのかもしれない。

大切なのは、言葉を飾ることや体面をつくろうことではない。友だちを作るために有効なもっとも基礎的な技術は素直に心を開くことだと、そういう結論に落着すれば、今回の話は、いいお話になるはずなのだが、どっこいそうはいかない。

外国人について考えると、私はいつも、桑田真澄《ますみ》という巨人軍にいたもの静かなピッチャーのことを思い出すのだが、彼は現役時代、チーム内で浮いていた。いや、実際にどうだったのか詳しい事情は知らないのだが、とにかく、私の目にはそう見えた。

で、ほかの選手とうまく付き合えないからなのか、桑田は、いつも外国人選手と行動をともにしていた。

たしか、ガリクソンやクロマティーとは家族ぐるみの付き合いをしていたはずだ。彼がいつも外国人と一緒にいたのは、英語の習得に熱心だったことの現れであり、その結果として英語が達者だったということなのかもしれない。

が、それ以上に、彼のようなシャイな人間は、言葉がうまく通じない人間に対してでないとうまく心を開くことができないという事情があったのだと思う。

もっと極端な例では、動物に対してしか心を開かない人々がいる。

そのスジの人間に詳しいある男に聞いたところでは、ヤクザの皆さんは、非常に高い確率で犬猫を飼っていて、しかも、ほぼ例外なく、そのペットを溺愛《できあい》しているらしいのだ。

「ははは。ヤー公は淋しいのか?」

「というよりも、あの人らは人間不信なんだよ」

「人間不信？」

「そう。義理とか人情とか仁義とか掟とかいってるけど、あれほど裏切りが横行してる世界もないからな」

なるほど。親兄弟に裏切られ、仲間に売られ、警察に騙され、女にタレ込まれがちな彼らが、唯一心を許せるのは、犬猫だと、そういうことなのだな。

そういわれてみれば、指定暴力団の構成員でなくても、極端な愛犬家や愛猫家には、人間不信の雰囲気をまとった人間が多いような気がする。

いや、犬好きには犬友がいるし、猫好きには猫友がいる。それはわかっている。

でも、人間はおまけだよね。犬猫のw。

困難な情勢になってはじめて誰が敵か、
誰が味方顔をしていたか、
そして誰が本当の味方だったかわかるものだ。
by 小林多喜二

そして、誰が敵であるのかがわかった時には既に
手遅れであり、本当の味方であったことがわかっ
た者はとっくの昔に死んでいる。
by 小田嶋隆

# 第11章 コミュ力という魔法の杖

個人的な話をすると、私は田舎に住んだことがない。生まれてこのかた、50数年の人生のほぼまるごとを、東京の場末のゴミゴミした町で暮らしてきた。

一度だけ、20代の頃に、大阪で一人暮らしをしたことがあるのだが、その折に、ほんの半年ほど住んでいたのも、大阪の中心地から地下鉄で20分ほどのところにある町《まち》中《なか》のアパートだった。

だからなのかどうなのか、私は、人口密度の低い土地が苦手だ。海も山も、観光で通りかかる分には好きだし、広い空の下にいると、気分がせいせいすることも確かなのだが、そういう場所に3日もいると、もう帰りたくなる。この時の気持ちは、恐怖感に近い。あるいは、広所恐怖症みたいなものが若干介在しているのかもしれない。

とにかく、都会の何が好きだというわけでもないのだが、人の気配が希薄な環境の中に投げ込まれると、どういうものなのか、急激な寂寥感に襲われて逃げ出したくなるのだ。

電車の窓から、谷間の集落の小さな屋根だとか、雪国の夜の底に光っている一軒家の窓を見ると、

「ああ、こういうところにはオレは住めない」

と、つくづく思う。

もっとも、人混みが大好きだというわけでもない。

休みの日に渋谷あたりに出かけると、2時間でオーバーフローの状態になる。特に重労働をしたというわけでもないのに、大勢の人間が集まる空間を歩きまわると、それだけで、人疲れしてしまうのだ。

要するに、対人的な設定についての要求が細かいのだと思う。こういう性質を「繊細」というふうに表現して積極的に評価することも可能ではある。が、最近はあまりそういういい方はしてもらえない。

第1章でも少し触れたが昨今の風潮では、この種の対人的な適応能力の低さは「コミュ障」(「コミュニケーション障害」の略らしい)という言葉で一括処理される。むごいいい方だと思う。

が、この言葉は、無慈悲な決めつけである一方で、非常に使用頻度の高い、強力な差別用語になっている。

で、若い人たちは、自らのコミュニケーション能力（これにも「コミュ力」というイヤな略語がある。「こみゅか」ではない「こみゅりょく」と読む。読みにくさといい、発音のしにくさといい、実に劣悪な用語だと思うのだが、それでも、とてもよく使われている）を高めるべく、セミナーに通ったり、ビジネス書籍を買い集めたりしている。

バカな話だ。が、バカな話ではあっても、「コミュ力万能思想」は、この国をすっかり覆い尽くしている。

原因は、おそらく、長らく続いた20年来の不況と、その間に定着した就活ミッションの異様な過酷さに由来しているのだと思う。

そんなこんなで、意識の高い学生は、自分が気さくで、フレンドリーで、友だちの多い、快活で、ポジティブで、機転の効く、輝くような若者であるというふうに見せかけるべく多大な努力を払っている。

なんと哀れな話ではないか。彼らは、そういうコミックマンガの島耕作の若手時代みたいな青年でないと企業に評価されないと思い込まされているのだ。

この章では、コミュ力の話をする。

私自身は、先ほどの話とは別に、実際にはまるでコミュ力のない人間ではない。やればできるかと言われれば、できないこともない男ではある。

が、やりすぎると壊れるということもまた事実ではあるわけで、結局のところ、

「その気になればそこそこ器用に人当たりのいい人間を演じることも可能なのだが、そういう無理を続けていると、じきに神経がイカれてしまう」

ぐらいのところを、行ったり来たりしているわけだ。

まあ、因果な性分だということです。

それでも、私が若い者であった時代には、コミュ力の低さは、必ずしも致命的な欠点とは見なされていなかった。小むずかしい本を読んで暗い顔をしている男が女にモテる時代は既に終わっていたが、それでもまだ、

「明るいだけの奴はバカだぞ」

という思想は、根強く残存していた。

であるからして、就職面接でうまく自分を表現できない寡黙で不器用な学生であっても、寡黙さに見合った勤勉さを期待されたりしつつ、それなりに評価されていたものなのである。

若い人間の多くは、一定のタイミングで、死にたくなる。もしくは、ひどい憂鬱《ゆううつ》に

襲われる。この傾向は、昔も今も変わらない。というのも、若いということは、ほぼそのまま「心細い」ということだからだ。

とすれば、若い者が暗い顔をしているのは、本当はごく当たり前なことで、むしろ、あらまほしき、正常な反応といってもいい。

ところが、わが国では、ある時期から、暗い若者の評判が著しく低下し始め、孤独な青年は孤独であることを理由に忌避《きひ》されるという、どうにも八方塞《ふさ》がりな空気が漂っている。でもって、建設的で前向きな人間でないと、社会人として失格だという風潮が定着するや、この国の若者は、いつしか、見違えるように明るくなったのである。

本当に明るくなったのか、単に明るく振る舞うようになっただけなのか、そこのところはわからない。

が、ともあれ、態度についてだけいうなら、2010年代の若者は、私が若者だった時代の若者と比べて、3割増しぐらいの感じでフレンドリーになっている。

全体として、無理にでも明るく振る舞う負荷がかかったことは、あるいは、世のなかのためには、いいことだったのかもしれない。

でも、弊害もある。

いちばんのデメリットは、若い人たちの間に、奇妙な格差が広がっていることだ。ここでいう格差は、必ずしも経済的なものではない。強いていうなら、「人脈格差」といった感じのものだ。

私の見るに、ごく一部のやたらと調子のいい世渡り上手の兄ちゃんと、それ以外の戸惑いながら生きている普通の若者の間には、ある不穏《ふおん》な溝が刻まれつつある。もしかすると、この傾向は、とても感じの悪い未来につながって行くかもしれない。

「オレ、3年以上行き来のない古い名刺は、悪いけど捨てちゃうよ。人脈はストックじゃなくてフローだからね。そうやって自分の人脈をアップデートしていないと、相手にも失礼でしょ?」

的な、およそぶん殴りたくなるようなツイートをカマしながら、それでいて権力のあるおっさんたちにけっこう可愛がられている若者がいるかと思うと、反対側の極には、他人と話す時に決して相手の目を見ることのできないタイプの若い人が増殖していたりする。

対人折衝能力は、重要な能力ではあるが、うさんくさい資質でもある。だから、うちの国のような流動性の低い社会では、コミュ力そのものは、長い間、「軽薄才子」の人格属性として、軽んじられていた。

が、時代のスピードが加速し、社会構造や情報環境が千変万化《せんぺんばんか》することになった世のなかでは、多くの職業がサービス業化し、手を使ってモノを作ったり、足を使って商品を運んでいる人間よりは、舌先三寸で差益をカスりにかかる人間の方が優遇されるようになっている。

かくして、ナンバーワンホストにコミュ力を学ぶみたいなセミナーが客を集める、どうにも不愉快な時代が到来してしまったわけだ。

職業柄、編集者と行き来することがいちばん多いのだが、この20年ほどの彼らの変化について言うと、平成以降入社の比較的若い世代の編集者は、それ以前の編集者に比べて圧倒的に腰が低い。

私自身が馬齢を重ねて、先方にとって年長の存在になったということを差し引いて考えても、対人マナーの基本が、銀行の窓口の人間じみてきている事実はやはり指摘しないわけにはいかない。

「かしこまりました。至急手配します」

と、こんな言葉づかいは、20世紀の間は、聞いたことがなかった。特に大手の出版社の社員は、おしなべて、非常に「感じのいい」若者が多い。というよりも、なんだか呉服屋の手代《てだい》さんみたいに物腰がこなれていて、私は、いつもなんだか取り残された気持ちを味わう。

おそらく就職倍率の高さがああいう空気を読む能力に長《た》けた、流線型の編集者を生んでいるのだと思う。

彼らの態度がいけないというのではない。

感じがいいことは、よいことだ。

ただ、わがままを言わせてもらえればだが、編集者との間で、時に殺伐とした会話を交わさなければならない立場の人間としては、彼らのあの余裕の構えは、なんだか小面《こづら》憎いのである。

大きくない出版社の編集者の、おどおどしていたり、ぶっきらぼうだったり、不器用だったりする電話をもらうと、私はほっとする。

人間というのは、不完全なものだよ。

真の友は共に孤独である。

by
ボナール

われわれは孤独の複数形を友情と呼び、欲望の複数形を恋愛と呼んでいる。

by小田嶋隆

## 第12章 真の仲間を持たない仲間たちの論争

だいぶ以前のことだが、ツイッターを眺めていて、ちょっと面白い論争にでくわした。

「面白い論争」というのは、悪趣味ないい方だったかもしれない。

ネット上の論争において、第三者であるわれら観客が注目しているのは、議論の帰結や結論の行方ではなくて、論争の当事者が余儀なく晒《さら》すことになる怒りや憎しみだ。ということはつまり、私どもネット雀の野次馬が面白がって喝采《かっさい》を送っているのは「他人の恥」そのものだったりするわけだ。わがことながら、品のない観戦マナーだとは思う。が、悪趣味であれなんであれ、面白いのだから仕方がない。

ツイッターを舞台にしたバトルは、いつでも同じ展開をたどる。発火して2時間後には、真っ赤に燃え上がり、半日後には収束している。結論は出ない。着地もしない。ただただ一本調子に白熱し、赤熱し、発火爆発し、空中分解する。でなければ、燃料切れで自然鎮火する。

論争は、勝利者も敗北者も生まない。双方が別々に勝利宣言をして、自分のタコツボに帰って行くだけだ。観客は、適当に掛け声をかけながら、勝敗や採点よりも、もっぱら競技者の顔面が打撲で腫《は》れ上がっていく様子を観賞して楽しむ。

私は、参加していない。途中で口をはさもうかとも思ったのだが、自分の考えをうまく説明できる自信がなかったので、黙ることにした。というよりも、正直に言うなら、仲裁者がとばっちりを受けて殴られる展開を恐れたのかもしれない。

議論は、「仲間」という言葉をきっかけに、論争に発展した。もっとも、私自身、全過程をウォッチングしていたわけではない。実際問題として、ツイッター上の議論を第三者が公平に観察するのは、不可能に近い。なぜなら、フォローしていない人間同士が投げかけ合うリプライ（相手を指定した呼びかけや回答）は、第三者のタイムライン（ツイッター上の各自の表示領域のこと）には反映されないからだ。

そんなわけなので、私は、議論の途中から、自分の目に見える部分だけを眺めていたに過ぎないということを断った上で、以下、当日の論争を再現してみる。

どちらが先にちょっかいを出したのかはわからない。

ただ、論争の前提として、A氏とB氏の間には、対話を始める以前から、感覚ないしは、意見の違いが介在していたのだと思う。要は、「仲間」という言葉をめぐって交わされていた論争は、本当のところ、もっと奥行きの深い、双方の人生観や世界観そのものを問う本格的な議論だったということで、私が面白いと思ったのもその点だったのである。

21世紀の人間は、「仲間」という言葉を使う時に、なんだかとても神経質になる。われわれは、他人を罵《ののし》る時も、自慢をする時も、自己アピールをする時も、自分自身のスペックや能力ではなくて、自分が持っている「仲間」の数や質を通してそれをする。

なんとも不思議な話だ。

ある時期から、われわれは、学歴や社会的地位よりも、「仲間」を誇るようになっている。同様にして、誰かを誹謗《ひぼう》する時も、肩書や大学の名前ではなくて「仲間」を罵る。実に奇妙な習慣だ。しかも、その「仲間」の定義は、人によってかなり隔たっている。だからこそ、仲間をめぐる対話は、必ずや荒れる。

A氏は、20代のブロガーで、その道ではそれなりの有名人だ。彼は、以前から自分のブログやツイッターの中で、組織にぶら下がる生き方を執拗に攻撃してきたことで知られている。

それもそのはず、「起業」ないしは「ノマド」という生き方が、A氏が年来掲げてきた「旗」であり、彼自身のセールスポイントになっている。彼の主張するところによれば、企業や国家の庇護から離れて、どんな小さい稼ぎ口であっても、自分の力で種を見つけていく処世こそが、これから先の流動化する世界においては、一見不安定に見えて、実はもっとも時代にフィットした生き方だということになる。

彼の主張の当否は、ここでは問わない。

大切なのは、彼のものの見方やもののいい方に対して「サラリーマンをバカにしている」と反発する人々が、一定数いるということだ。

「真の仲間がいないんだろうな」

と、B氏がA氏にそんな言葉を投げたのも、おそらくはそこのところに対する反応だった。

「組織にぶら下がっている人間」

「会社に飼われている社員」

「仲間とツルまないと何もできない組織人」

と、何を言うにつけても、A氏の言葉には、日本人の集団主義に対する揶揄《やゆ》の響きがつきまとっている。

ずっと見ていると、イライラする。で、B氏は、

「かわいそうに真の仲間がいないんだな」

という揶揄を投げかけずにおれなかった。

ここまでのところはわかりやすい。

少なくとも私は、双方の気持ちがわかる気がした。A氏がくり返している集団主義に対する嫌悪の気持ちにも共感する部分があるし、B氏がそのA氏の独善をたしなめたくなった気持ちも理解できる。

私が、一瞬、仲裁に入ろうかと思ったのも、両者の言い分に、それぞれ、大切な真実が含まれていると感じたからだ。

思うに、「世界」は、われわれにとって、実質的には「仲間」の定義として認識されているところのものだ。

わかりにくいいい方だったかもしれない。

以下、説明し直してみる。

われわれが「外界」と言い「世界」と言う時、それは、「自分の外に広がる全世界」ではない。どちらかといえば、「自分の目に見え、自分の手で触れることのできる範囲の世界」が、実質的な「世界」になる。ということはつまり、われわれにとっ

て、「世界」とは、実質的には、「仲間という言葉で定義されるところの外界」とそんなに変わらない。

だから、A氏のプライドが、「安易にツルまない」「孤立を恐れない」「仲間のために仕事をするのではなくて、仕事のために仲間を募る」みたいなところに集約されるのは、それはそれでたいへんによくわかる。

彼は、自分の「世界」を、厳密に限定しようと考えている。「義理」にからまれたり、「空気」に流されたりして、自分の「世界」の定義を曖昧にされることに対して強い警戒の気持ちを持っている。

一方、B氏から見れば、A氏の孤高気取りは、片腹痛い。で、「本当の一匹狼は、自分の境涯をいちいち説明しないぞ」「孤高を気取るなら他人に同意を求めるなよ」と言いたくなる。

で、そういう時に出てきた言葉が

「真の仲間」

という決め台詞《ぜりふ》だったわけだ。

痛い言葉だ。この言葉に対してA氏は

《「真の仲間」という言葉の気持ちわるさ》

と題したブログエントリーをアップして反論している。で、B氏の言う「真の仲間」を

《ブレークダウンして形容するのなら、「自分のことを理解してくれて、決して裏切らない存在」とでも言えるでしょう》

と、再定義した上で、

《「真の仲間」という言葉から、「相手を所有したいという願望」「相手は自分を決して裏切らないという根拠なき期待」の匂いを、ぼくはどうしても嗅《か》ぎ取ってしまいます》

と論難している。

まあ、反則である。だって、他人の言葉を勝手に定義し直して、それを非難しているわけだから。

ただ、こういう反則技を使ってまで「真の仲間」をやっつけたくなった気持ちが、私にはやっぱりわかる。それほど、「真の仲間」という言葉は、一人で頑張っている人間にとっては、ムカつくのだ。「仲間」に関しては、ほんの少しの感覚の違いが、実に大きな壁を作ることになる。

「双方の気持ちがわかる」と思っていた私にしたところで、その気持ちを彼らにわか

ってもらえたかどうかは、疑わしい。私の考える「仲間」は、A氏にもB氏にもまるで理解してもらえなかったかもしれない。

「何をズレたこと言ってるんスか？」

「そういう定義は、気持ち悪いです」

ほぼ間違いなく、私は拒絶されたはずだ。

「わかったような顔しないでください」

と。双方から。

面白い現象だ。

仲間について語る人間たちは、決して仲間になることができない。なぜなら、「仲間」の定義が、違っている者同士は、お互いの「仲間意識」を不潔に感じるからで、ということはつまり、「仲間」のことは「仲間」にしかわかってもらえないからだ。

なんという気持ちの悪い同語反復だろうか。

ことほどさように、友情は厄介だ。もしかして、本当の友だちとは、友だちの定義みたいなくだくだしい議論や前提を必要としない存在のことなのかもしれない。

「なんであいつがオレの友だちなのかって？　理由なんかねえよ」

と、私の友だちならそう答えるはずだ。

「仲間と友だちの違い？　そういう質問をする奴は仲間でもないし友だちでもないぞ」

と、私は答える。

友だちも仲間も、心が決めるものだ。

相田みつをの分野の言葉だ。

ということは、論理で定義しようとすればするほど遠ざかるに決まっている。

定義できなくったっていいじゃないか。にんげんだもの。みつを。

山から遠ざかればますます
その本当の姿を見ることができる。
友人にしてもこれと同じである。

by
アンデルセン

むしろ、遠くから見て美しい稜線も、近付いて
よく見れば石と泥の堆積に過ぎないということ
なのでは？

by
小田嶋隆

# 第13章

# 出発できないジモティーのためのロードサイド

この数年、機会を得て地方都市を訪れる度に、その変貌の大きさと変化のスピードに驚かされる。

私の世代の者が少年時代から心の中にあたためてきていた「田舎」のイメージは、この20年ほどの間に完全に過去のものになっている。それほど、地方の変化はドラスティックだ。

引き比べて東京は、変わっていない。湾岸エリアあたりに高層ビルが増えたり、都心の一部で大掛かりな再開発が進んだことを除けば、基本的な景観は、この30年、さしたる変化を経ていない。であるからして、東京に拠点を置いている人間の多くは、自分たちの生活の足元が崩れつつある実感を持っていない。別のいい方をするなら、東京の人間は、本人は時流の最先端の中で暮らしているつもりでいるにもかかわらず、その実、時代の変化から取り残されているのだ。

その変化とは、乱暴に言えば、「グローバリズム」だ。われわれは、好むと好まざるとにかかわらず、この先、グローバル資本主義の波に洗われる浜辺の砂粒のごとき存在になる運命のもとにある。

高速道路を降りてクルマを走らせてみればわかる。地方の国道沿いの景観は、日本中どこを走っても、びっくりするほどよく似ている。というよりも、バイパス道路の両サイドに並ぶ看板は、東北でも北関東でも中部日本でも南九州でも、どれもこれもほとんどまったく同じチェーン店の、区別のつかないロゴで描かれている。

モールも同じだ。ちょっとした地方都市の近郊には、必ずと言っていいほど巨大なイオンモールが建設されている。で、そのほぼ完全に入れ替え可能な巨大ショッピングモールは、互いにマップを共有しており、入居するテナントも同じなら棚に並んでいる商品の構成から値段までそっくり同一なのだ。もちろん、飲食店も同様だ。

ということは、関東近県の都市圏であれ、中国地方の山間部であれ、モールの中を歩いている限り、人々の生活に違いはないわけで、そういうふうに消費生活に相違が介在していない以上、人々の生活意識もまた日本中で完全に平準化していることになる。

そして、その平準化されたロードサイドの景観は、私が１９９０年代のはじめにカリフォルニアのいくつかの地方都市をクルマで走った時に見た景色と、ほとんど区別がつかない。

具体的にいうと、東京や大阪クラスの巨大都市を除いた日本の「田舎」の風景は、モータリゼーションとグローバル資本主義の洗礼を受けた世界中の地方都市と、外観上、区別がつかなくなっているわけで、ということはつまり、21世紀的な世界の潮流から取り残されているのは、むしろ徒歩圏で暮らしている東京の人間だったりするということだ。

いや、社会学の話をしているのではない。

私が、昨今はやりのショッピングモール社会論を引用しているのは、それが、単に国民の消費性向や地方都市の人口構成の問題ではなくて、われわれの人生観そのものに深く関わる変化だと考えているからだ。

『アメリカン・グラフィティ』という映画がある。

私の年齢の人間には懐かしい映画だ。のみならず、世界中に散らばっている同世代の男女にとっても、同じように大切な映画だ。

というのも、この物語の中で描かれている「青春の喪失」は、全世界のあらゆる地方都市の人間にとって、多かれ少なかれ共有されているものだったからだ。

20世紀の間、同じ主題は、あらゆる場所で描かれ、たくさんの歌の中で歌われていた。

すなわち、田舎で育った男の子が大人になる時、彼は故郷を捨てなければならない……ということだ。「別れの一本杉」も、「函館の女《ひと》」も、ハリー・ベラフォンテが歌った「ジャマイカ・フェアウェル」も、びっくりするほどよく似ている。歌は、どれも、幼なじみの初恋の少女を故郷に残してきた男の望郷と未練を歌いあげている。

『アメリカン・グラフィティ』でも「別れの一本杉」でも、主人公は、故郷を捨てることになっていて、その出発は必ず「別れ」を孕んでいる。で、20世紀の青春を描いたお話の基本線は、ほぼ、この「出発」と「別れ」と「望郷」の周辺にあったということだ。

ここでようやく話は「友情」に戻る。

本書の中で、私は、大人になった人間にとって、「友情」が「追憶」とほぼ同義語だということと、「友だち」は「思い出」の中に住んでいるということをくり返し述べてきた。

というのも、多少の違いはあっても、20世紀の人間にとって、「故郷を捨てる」ことと、「大人になる」ことは、同じことで、しかも、それは「友だちと別れること」

を意味していたからだ。だからこそ、われわれにとって、「友だち」は、いつも幼年期の亡霊として登場するものだったのである。

ところが、ロードサイドに巨大なショッピングモールが居座るようになった時代の若者にとって、「都会」と「故郷」の差は、俄然、曖昧になる。

現実に人口の動態がどういうことになっているのかはともかく、21世紀の田舎の若者は、東京に出ようとする強い気持ちを失いつつある。

ファッションや商品や情報において、東京と地方の間に格差がなくなったということもあるが、なにより、20世紀にはあんなに魅力的に見えた「東京」が、その輝きをなくしてしまったからだ。

おそらく、東京は、「唯一の都市」としての特権性を喪失した以上に、「自由」という物語の舞台であることをやめたのだと思う。このことを実態に即した形で言い直すと、地方都市に暮らす平均的なティーンエイジャーにとって、自分の家の近所で手に入らないものが東京にあるわけではないし、職や自由やクルマで出かける先や、仲間が集まるポイントを含めて、すべては、イオンモールの中に用意されている。しかも、東京に出たところで、人生が一新できるわけではない。なぜなら景気は長らく低迷していて、地方出身の運のいい若者が東京都内に一軒家を建てる話は、既に夢物語としてさえリアリティーを失ってしまっているからだ。

ということになると、故郷を出て行かない青春の物語は、ふるさとを捨てる少年の話より、幾分、鬱屈《うっくつ》したものになる。

実は、『アメリカン・グラフィティ』の中にも、「出て行かなかった少年」の物語は、伏線として描かれている。

「バディ・ホリーが死んだ時、ロックンロールは終わったんだ」

と言っていた年かさの少年（というよりは、「大人になりきれずに年下のガキどもとツルんでいる困った青年」と言った方が適切なのかもしれないが）のジョンのエピソードがそれだ。

彼は、「地元のガキ」である地点から出発できずにいる。で、その自分の境遇に若干イラついていて、それゆえ、自分自身を時代遅れになりつつあるロックンロールや死んでしまったバディ・ホリーになぞらえている……というのは考えすぎかも知れない。が、とにかく、ジョンは、あの映画の中で、地元に残される出発できない少年の鬱屈を代表する人格として、重要なサブストーリーを担っていた。

ついでにいえば、20世紀であっても、私のような東京生まれの人間の内部には、出て行く先を持たない者の鬱屈が宿っていた。その意味で、地元に残る若者の物語は、必ずしも21世紀の新機軸ではない。

ともあれ、青春物語の主流であった「出発と別れ」というプロットが力を失ったことの意味は小さくない。

そして、出発と別れがない場所で育まれる一本調子の友情は、どうしても陰にこもったものになる。

もうひとつ、日本中の田舎が、たった20年かそこらのうちに、判で押したような凡庸なロードサイドに変貌してしまったことの影響も、それはそれで小さくないと私は考えている。それは、青年が故郷を捨てることとは別の意味での「故郷の喪失」を刻印している。

かくして、「地元」は、いよいよ巨大な意味を持つことになる。地元の子どもたちは、地元の青年になり、いつまでも子ども時代の付き合いをやめない。しかも、彼らは、携帯電話を握って生まれてきた世代で、ということはつまり、卒業しても連絡先を失うことがない。そんなわけで、遠くに離れていても、ラインやフェイスブックで四六時中つながっている彼らの物語は永遠に続き、その物語の中で「地元」と「仲間」は、むしろ逃れられない桎梏《しっこく》として意識されるものになる。

と、想像で書いてみたのだが、実際のところ、私には、彼らの付き合いの実相がどんなものであるのか、知っているわけではない。当てずっぽうを言ってみたまでだ。

もしかすると、若い人たちの間に奇妙な愛国心と地元志向が広がっているのは、われわれの「地元」が「グローバリズム」の中に溶解しつつあることの反作用であるのかもしれない。

とすると、彼らにとって、「仲間」は、ジョンにとってのカートやスティーヴがそうだったように、最終的には鬱陶《うっとう》しいものであるのかもしれない。

うん。鬱陶しい結論になった。忘れてくれ。

しばらく二人で黙っているといい。
その沈黙に耐えられる関係かどうか。
by
キルケゴール

密室の中にいる二人の人間に与えられる未来は、
殺し合うかセックスをするのかどちらかしかない。
by
小田嶋隆

# 第14章 友だちが死ぬことについて

いきなりハシゴを外しにかかるみたいで申し訳ないのだが、本当のことをいえば、友情は語るべきものではない。

「友だちとは何か」「友情はどうあるべきなのか」といった類のお話は、あえて論を立てるための枠組みとしては有効でも、日常的な話題としては無理がある。変だ。

というよりも、「友人」や「友情」といった事柄について、抽象名詞で考えること自体が不自然であるのかもしれない。

このあたりの事情は恋愛の場合に似ていなくもない。

「恋愛というのはね」

「人を好きになることって……」

などと、誰かが大真面目な顔で話し始めた場合、彼または彼女は、世にいうところの「恋愛論」を語っているのではない。先方は、特定個別の誰かさんに関わる個人的な体験をくどくど語り尽くそうと考えている。有意義な午後の時間を台無しにしたくないのであれば、話題を変えて席を立った方がいい。なぜなら、夫婦喧嘩が犬も食わないメニューである以上に、「恋バナ」は豚も食わない残飯だからだ。他人の「恋バナ」に耳を傾けるのは、自分の「恋バナ」を語りたいと考えている人間だけだ。そう。酔っぱらいと同じだ。

友情は、恋愛と比べれば、ずっとテーブルに乗せられにくい話題だ。というのも、現在進行形の友情は、多くの場合、無意識化に沈潜していて、分析の対象として好適なものではないからだ。

というよりも、友情は、そもそも、当事者が、明確な形で意識することの少ない感情だ。

恋愛中の男女は、なるべく頻繁に会いたいと願っている。逆にいえば、ある程度の期間、たとえば半月なり半年なりの間、顔を見られない事態が生じると、二人の関係は危機に陥る。というのも、恋愛は、双方が共に過ごす体験を前提として育まれる感情であって、歌の文句にある、「会えない時間が愛育てるのさ」というのは、ストーカーのメンタリティに過ぎないからだ。普通の男女の恋愛は、「去る者は日々に疎《うと》し」という、昔ながらのことわざに沿って消長する。会わない者同士は、時間の経過と共に疎遠になり、ひとたび隔意《かくい》を抱いた二人は、逢瀬《おうせ》を楽しまなくなる。

その点、友情は、必ずしも定期的な面会を要しない。

むしろ、親しい間柄であればあるほど、実際に顔を会わせる機会に依存する度合いは低くなる。早い話、10年会っていなくても、親友は親友だ。

そういう意味では、友情は、相互関係であるよりは、個人的な自尊感情に近い。親友がしっかりと心の中に住んでいれば、頻繁に会う必要はない。顔を思い浮かべる必要さえない。ただ、この世界のどこかに、自分のことをわかってくれる人間がいると思うだけで、安心立命を得ることができる。うむ。もしかしてこれは、信仰に近いのかもしれない。

そんなわけなので、友情という言葉なり概念が、真に迫った形で私たちの心の中に立ち現れるのは、実は、相手が死んだ時だったりする。

というよりも、われわれは、相手の死に直面して、はじめて自分がかけがえのない友人を亡くしたことに気づくものなのだ。

個人的な話をせねばならない。

友情について語るに当たっては、恋愛の場合と同じように、最終的には、特定の誰かとの間の、個別的な関係に踏み込まなければならない。でないと、話が落着しない。なんとなれば、私たちは、自分にとって大切な問題であればあるほど、経験した範囲でしかものを考えられないように設計されているからだ。

死んだのは、第2章で少し触れた私が「大ちゃん」と呼んでいた友だちだ。彼とは、幼稚園の入園式で出会った。ということは、生涯のうちで、いちばん古い友だちだったわけだ。

そのことに気づいたのは、大ちゃんが死んでからだ。

もうひとつ、死なれてみて初めて気づいたのは、2匹の子犬みたいにベタベタくっついて歩いていた小学校低学年の時代を過ぎてから後、私と大ちゃんは、たいして親しく付き合っていたわけではないということだった。

4年生になって、クラスが変わると、大ちゃんと私は、一緒に遊んで歩く関係ではなくなっていた。

6年生になってから、時々、誘われて四谷大塚進学教室の模擬試験（当時は「日曜学校」と呼んでいたような気がする）を一緒に受けたことはあったが、その時は、大ちゃんと同じ中学に進むつもりでいたYという友だちと三人組の設定になっていた。

子どもの付き合いはクールだ。境遇が変わると、ほとんど行き来しなくなる。

私と大ちゃんたちのケースも同じで、地元の区立中学校に通うことになった私と、私立の中高一貫校に進学した、大ちゃん（およびY）は、小学校を卒業して以来、疎遠になる。

一度だけ、私の中学の文化祭に、二人が揃って顔をのぞかせたことがある。

「おお、よく来たな」

と、校内をひと通り案内するために体育館に続く渡り廊下を並んで歩きながら、私は、たった2年ほどの間に、まったく話題が噛み合わなくなっていることにびっくりしていた。成人する前の子どもたちが、それぞれの年齢段階で付き合う友だちは、結局のところ、その時々の環境に見合った、彼ら自身の分身のような存在に限られている。だから、少しでも立場が食い違うと付き合えなくなる。この峻別はたいへんに厳しい。

私立と公立というだけで、微妙に話題がちぐはぐになる。徒歩通学と電車通学の違いも小さくない。14歳の子どもたちは、この種のささいな違いを乗り越えることができない。

これは、あまり大きな声で言われていることではないが、友情は、階級なり階層区分なりを形成する上での、もっとも有力なエンジンになっているはずだ。「類は友を呼ぶ」と、ことわざ辞典は無邪気に言い切っているが、ここで示唆《しさ》されていることは、差別というものの本質に関わっていると思う。というのも、「類は友を呼ぶ」を逆方向に応用すれば「異は友を裂く」という話になるはずだからだ。

話を元に戻す。

大ちゃんと私は、大学のキャンパスで再会した。

彼は、私と同じように、1年間の浪人生活を経て、私が通っていた同じ大学の法学部に入学していた。

で、在学中、われわれは、時々、酒を飲む機会を持つようになった。とはいえ、この時代も、さして懇意にしていたわけではない。互いの高校時代の仲間が大学内に散在していたこともあって、私たちは、互いの人脈を広げるためにけっこう役に立ったりもしたのだが、それはまた別の話で、われわれ二人の関係そのものについていえば、「昔の友だち」という設定で行き来するところから、最後まで脱皮できなかった。

ただ、幼年期を共に過ごした者の間には、独特の共犯者意識みたいなものが介在している。

この共通記憶は、バカにならない。

過度に緊張している大学1年生は、キャンパスで知り合う大学1年生に対して、どうしても身構えるみたいな形の自己宣伝を展開しがちで、それゆえ、大学でスタートする学生同士の交際は、どうしても、ある程度は芝居がかったものになる。

この、芝居が、私には重荷だった。

自分で選んでやっていたことなのに、どうにも苦しくてならなかったのだ。バカな話だが、これは、本当のことだ。今でも多くの学生が苦しんでいると思う。

若者は自己演出をする。

そして、自己演出で作り上げた自分の人格の不自然さにやがて適応できなくなるのだ。

が、幼稚園時代からの知り合いである大ちゃんには、虚勢を張らないで済む。話にしてみれば、それだけのことなのだが、これだけのことが、当時の私にはたいへんにありがたかった。であるから、あの時代、大学で彼と会うことは、私にとって、ちょっとした救いだったのである。

そして、そうしたことのすべてに、私は、大ちゃんが死んではじめて気づかされたわけだ。

手遅れになってしまってから、はじめて気づくことは、意外に多い。あるいは、われわれが何かに気づくということ自体、その何かが手遅れになっていることの表れであるのかもしれない。

たしか、小林秀雄が、「死者は確かな顔をしている」という意味のことを言っていたと思うのだが、友だちの場合は特にそうだ。友だちは、死んでみてはじめて、その存在が確定する。二度と会えないことがはっきりしてみてはじめて、私たちは、その人間が替えのきかない存在であったことを知ることになるのだ。

そう思えば、いずれ死ぬことは、お互いにわかっているわけなのだから、生きているうちにもっと大切に付き合っていればよさそうなものなのだが、なかなかそうはいかない。結局、われわれは、死者に向けてしか正当な評価を下せない。

生きている間は、いつでも会えると思っている。

だから、あえて会おうとは思わない。

そこに罠があって、いずれ、友だちは死ぬ。

で、死ぬことによって、友情が確定する。

してみると、われわれは、死後の思い出のために付き合っているわけなのか?

ううむ。またしても気勢の上がらない結末になっているようだが、悪いことばかりではない。

われわれにとって、人生の後半が、友だちを失うステージに当たるのだとして、私たちは、そのことを通じて、死と和解する準備を始められるのかもしれないからだ。
友だちは、役に立つ。

先に亡くなっている友だちの数が多ければ、それだけ死への恐怖はやわらげられる。

そんなにうまくいくものなのかどうかわからないが、当面、私はそう思っている。

そういえば、中学校の音楽の時間に習った「オールド・ブラック・ジョー」という歌が、このあたりの事情をうまく描写していた。以下、引用する。

Gone are the days when my heart was young and gay,
Gone are my friends from the cotton fields away,
Gone from the earth to a better land I know,
I hear their gentle voices calling Old Black Joe.

I'm coming, I'm coming, for my head is bending low,
I hear their gentle voices calling Old Black Joe.

（訳）
若く楽しい日々は過ぎ
友はみな、綿畑を去り、天に召された
耳には、友の呼ぶ声が聞こえる
私もいずれ逝《い》くだろう
友の呼ぶ声にこたえて
オールド・ブラック・ジョー
（著者・訳）

友情とは、誰かに小さな親切をしてやり、
お返しに大きな親切を期待する契約である。
by モンテスキュー

とすると、見返りを期待しない博愛的な親切は、
単に愚行と呼ばなければならないのか?
by 小田嶋隆

# 第15章 友情製造装置としての新入社員研修

1980年代は、専門の人材育成機関に新入社員の教育を代行させることが流行していた時代で、私が新卒で就職した会社も、ご多分にもれず、そのテの研修施設の新入社員研修プログラムを導入していた。

研修のカリキュラムは「地獄の○○日間」といった調子のスパルタ式のもので、これも当時の流行だった。

表向きは、アメリカの産業社会学者や社会心理学者の理論を援用している。が、中身は、要するに、昔ながらのシゴキだ。新入りにはブートキャンプ。効果があろうがなかろうが、型通りの通過儀礼はクリアしてもらわないと困る。でないと、闘う男たちの結界《けっかい》が維持できないというわけだ。

しかも、シバけばシバくほど、人間の能力が拡大するということを、研修を推進する側の人間たちは、半ば本気で信じ込んでいる。そういう意味では、人材だけが使い減りのしない資産であるという経営者の見る夢の中身は、今も昔も、ほとんどまるで変わっていない。

もちろん、そんなお話は幻想で、早い話、シバいても潜在能力を開花させない側の半数の社員は、シバけばシバくだけ疲弊して行く。行って来いだ。

私はといえば、研修の初日で会社を見限った。まあ、会社にしてみれば、ごく早い時期に不良在庫を整理できたわけで、つまるところ、私と会社は、Ｗｉｎ－Ｗｉｎだったのかもしれなかった。

今でもよく覚えている。研修の冒頭で、教官に当たる人間は、以下のような演説をカマした。

「つい昨日まで学生だった君たちは、これまで、気の合う仲間とだけ付き合ってきたはずだ」

「しかし、社会人になったら、そうはいかない。もう子どもの付き合いとは訣別せねばならない」

「社会人になった以上、ウマの合わない人間とも協力しなければならないし、嫌いな人間にアタマを下げる場面も出てくる。それが大人になるということだ」

「そこで、社会人としての人間関係を形成する第一歩として、この研修では、好き嫌いや相性とは関係なく、機械的に振り分けられたグループ内のメンバー同士で、強制的に関係を構築してもらう」

「君たちが学生時代に友だちとやりとりしていた方法だと、お互い、イヤなことは言わず、なるべく対立せず、気まずくならないように気を配ってきたはずだ」

「気を遣って付き合うのも悪いことではないが、そんな付き合い方では、親友を作るのに10年かかる」

「君たちが会社の同僚として共に闘える仲間を作ることを、われわれは10年も待っていられない」

「だから、この研修では、思い切りお互いに言いたいことを言い合ってもらう」

「時には喧嘩になるかもしれない。お互いにプライドを傷付け合うことになるかもしれない」

「だが、そうしないと、本当の友だちはできない。人間が本当に打ち解け合うためには、殻を破らなければならない。自分を守っているプライドやバリアを壊すところから出発してくれ。つらい思いをすることもあるだろうが、必ずプラスになるはずだ」

なかなか感動的な演説だった。

が、私は、感動しなかった。むしろ、ムッとした。

「要するに、オレらにバトル・ロイヤルみたいなことをやらせて見物しようというわけだ」

「っていうか、これ、屈服しろってことだよな」

私は、隣にいた男にそう言った。

「……まずは素直に話を聞いてみようぜ」

彼は、既に会社側の人間になっていた。

研修はさんざんだった。

私たちは、会社側が提示した課題について徹夜で議論をさせられた。全員一致で結論が出るまで、一人も眠ってはならないというその議論と並行して、われわれは、一人ひとりについて、互いにその欠点と長所を直接に指摘し合うことを求められた。

議論は紛糾し、論争は加熱し、われわれのプライドは、彼らの目論見《もくろみ》通り、大いに傷つけられた。

もっとも、さきほど「研修はさんざんだった」と言った中の「さんざん」は、「私にとって」ということで、中には、研修を歓迎している社員もいた。実際のところ成果に感動している組の人間がいくらもいたわけで、どちらかといえば、そっちの方が多数派だったかもしれない。つまり、精神的にキツい試練を共にくぐりぬけたことで、仲間意識が高まったつもりでいる同期社員が大勢いたわけなのだ。

これには参った。

私自身は、最初から最後まで、うんざりしていた。

そもそも、研修屋から与えられた19世紀の心理学実験みたいなぞんざいな試練を、その意味を問うこともせずに、いきなり所与の現実として受け容れてしまっている同期の連中のあまりといえばあまりな考えの浅さが、私には受け容れがたかった。

ところが、研修は粛々と進行し、同期社員たちは、徹夜で怒鳴り合い、早朝ランニングのコースを走り切り、レポートを書き殴り、食事の合間に議論を蒸し返したりするうちに、結局、団結を深めていた。

河川敷の土手で思い切り殴り合った後に、肩を抱き合って意気投合する青春ドラマの中の学ランの高校生みたいに、われわれは、作られた対立のそのすぐ後で、心から打ち解けた仲間みたいなものになっていた。

なんという軽薄な団結であったことだろう。

試練は、人間を結びつける。

たとえ、その試練が、穴を掘って穴を埋めるみたいな無意味な作業であっても。あるいは、共にくぐり抜けた試練が無意味であればあるほど、若い人間は、強い絆を獲得するものなのかもしれない。

まあ、軍隊経験みたいなものだ。

戦争が最悪の経験で、軍隊が唾棄《だき》すべき場所であるのだとしても、同じ釜の飯を食った戦友は生涯の中でまたと得がたい至高の存在になる、と、これは、そういうスジのお話なのかもしれない。

とはいえ、人工的な環境の中で強制的に着床された友情は、やはり、一定の時間が経過してみると、ウソみたいに希薄になっている。当然だ。

なので、研修プログラムは、3年毎のフォローアップ研修を永遠に続けるカリキュラムを組むことで友情の摩耗に対応している。私が所属していたその会社では、どこの支店に勤務していようと、どの部門でどんなふうに出世していようと、同期社員は、3年に一度、必ず、合宿研修で顔を合わせる設定になっていた。だからなのかどうなのか、私がいたその会社では、同期の結びつきは、非常に強固だった。

おそらく、このシステムをもう一歩進めて、研修の頻度と強度を極限まで高めれば、カルト宗教みたいなものができ上がると思う。

実際、さるカルトにいたことのある知り合いによれば、教義に疑問を抱き、幹部の体質に不信感を抱き始めた信徒を、最後まで教団に結びつけて離さないものは、つまるところ、「友情」なのだという。

「っていうか、〇〇会の外に出ると、友だちなんか一人もいなかったわけです」

ついでにいえば、最終的に、教団への訣別を決意させるのも、教団の外の世界の人間との友情（あるいは、非信徒との恋愛）ということになっている。

それほど、われわれは、友だちにヨワい。

結論を述べる。

私どもの国の集団は、宗教団体であれ、企業組織であれ、帰属意識を維持するための切り札として、メンバー間の友情を利用している。

なんと巧みな人間管理手法ではないか。

教義や雇用契約を裏切ることは、いざとなったら、そんなに困難なミッションではない。教義は思想によって相対化され得るし、雇用契約は、別の利害関係や、新しいオファーによって簡単に無効化されてしまう。

しかしながら、仲間を裏切ることは、この国に生まれた人間には、とてもむずかしい。そういうことになっている。

特に、同じ苦難をくぐりぬけた戦友を残して、自分だけが逃げ出すことは、マッチョな男であればあるほど、受け容れがたい屈辱に感じられる。かくして、企業は、同期の仲間たちの相互の友情を、会社への帰属意識として一括管理することができる。だからこそ、彼らは研修の精緻《せいち》化と強度に心を砕くわけなのである。

伸び盛りの若い企業では、仲間意識がごく自然に育まれる。それもそのはず、膨張しつつある産業の周辺には、常に過酷な労働があるからだ。

この「過酷な労働」は、いまの言葉でいえば、「ブラック」ということになるわけだが、成長産業の中では、過剰労働がブラックと認識されることは少ない。なぜなら、勝ちつつあるゲームの中の超過勤務は、強いられた残業とは違って、キッさを感じさせないからだ。多くのプレイヤーはショートゴロよりも三塁打の方がキツいとはいわない。そういうものなのだ。

ところが、企業の業績が落ち着くと、社員は、定時退社を望むようになる。徹夜残業が仲間意識を鼓舞《こぶ》する幸運な状況も霧散する。

で、研修が企画され、シナリオ進行の友情が製造され、愛社精神と友情の合体した不可思議なわが社野郎が大量生産されるわけなのだが、それはそれとして、会社を辞めたオダジマには友だちがいない。まあ、仕方のない話だ。

友人の果たすべき役割は、
間違っているときにも味方すること。
正しいときにはだれだって味方になってくれる。
by マーク・トウェーン

そういう意味で、真の友人を持っているのはヤクザ者だけだったりする。
by 小田嶋隆

# 第16章 友だちのいない子どもが勉強家になるメカニズムについて

友だちがいることのありがたさは、友だちと一緒だと精神が解放されることだ。別のいい方をすると、社会の中で生きている人間は、友だちとワンセットで行動することによって、初めて「自分」という個性を十全に発揮できるわけなのだ。で、これを、逆方向からもう一度別のいい方で言い直すと、友だちのいない場所に放り込まれると、私たちは、往々にして、自然な、いつも通りの、ありのままな自分を見失ってしまうということだ。

私がこのことを初めて思い知らされたのは、小学校6年生になって、英語塾に通い始めた時のことだった。

私は、自宅から都電に乗って20分ほど離れた町にある、その道ではちょっと有名な塾の、中学1年生のクラスに編入した。ほかの子どもたちよりも1年早く英語を学ぶことによって、有利な条件で中学校生活をスタートせんと画策《かくさく》したわけで、してみると、私の母親は、私の記憶の中にある姿よりはずっと教育熱心な人だったのだろう。あるいは、私自身が、自分で考えているより勉強家だったということなのかもしれない。

初めての授業の最初の挨拶の後、私は、突然、全員の前で自己紹介を求められた。

「この子はタカシ君です。はい。自己紹介して」

と促された時、私は、ふだんの私でなくなっていた。

それというのも、その塾の「先生」は、私の母の従妹に当たる人で、私は、「先生の親戚の子」という、特別扱いから出発せねばならなかったからだ。

その時まで、私は、どんな局面であれ、「アガる」という精神状態を経験したことのない子どもだった。生徒会の役職に就いていた関係で、運動会のような機会に、全校生徒が校歌を斉唱する時には、指揮棒を持たされることもあったのだが、そういう場面でも、私は、毛ほども緊張しなかった。

音楽が得意だったから指揮を任されたのではない。私は、教師に度胸のいい子どもだと思われていて、その人前で物怖《ものお》じしない性質を重宝がられる形で、さまざまな挨拶や先導役を任じられていたのだ。

もしかすると、私は、若干、嫌な野郎だったのかもしれない。その可能性はある。

でなくても、私は、いつでも自信満々で、自分大好きな、『ドラえもん』に出てくる小柄なジャイアンみたいな子どもだった。

ところが、その、物怖じしないはずの私の口から、なんと、言葉が出てこないのである。

「あれ？　おかしいぞ」

と思っているうちに、焦りと緊張が込み上げてくる。顔が赤くなってくるのが自分でもわかる。私の顔を見つめている塾の生徒たちは、誰もが、近所の同じ中学校に通っている生徒で、互いに顔見知りだった。だから、彼らは、初めから完全にリラックスしている。私だけが、離れた町からやってきた異分子で、しかも、一つ年下の小学生だ。これはキツい。緊張せずにはいられない。

結局、名前を言っただけで、挨拶は打ち切りになって、以来、私は、引っ込み思案な子どもとして、その塾では、「お客さん」扱いの存在になった。

最初の「赤くなって黙り込んでしまった」印象が、その塾での私の役柄を決定してしまったのだと思う。

さてしかし、塾の中で、話しかけてはいけないシャイな子どもになってしまったことは、学業の上ではプラスに働いた。というのも、指名された時に恥ずかしい思いをしたくない一心で、私は、毎回、かなり熱心に予習をして授業に臨んでいたからだ。

確かに、週2回1時間ずつの塾のレッスンとは別に、学校で週5時間の英語の授業を受けている中学1年生のクラス（それも、選抜された優秀な生徒ばかりだった）に、生まれて初めてABCを習う小学生の私が追随できていたのは、今考えてみれば、快挙といっていいできごとだ。そのこと自体、それまでの私らしくない勤勉さだった。

つまり、私は、「他人」に囲まれることで、「別人」になっていたわけだ。

おそらく、子どもが「自分らしく」あることのうちのかなりの部分は、生まれ持った性格や、天性の傾向より、その子どもが置かれている場における、彼の「役割」によって後天的に決定されるところのものだ。

家庭ではひょうきん者の次男坊として振る舞い、教室では大胆不敵な腕白坊主のキャラクターを演じていた私の「個性」も、結局のところ、用意された舞台で演じている「役柄」だったということだ。

舞台が変わって、主役の座から引きずり降ろされ、「恥ずかしがり屋の勉強家」という想定外の役柄を与えられてしまうと、その厄介な、およそ自分とは思えない不可思議なキャラクターは、私の「暫定的な個性」として、その後の3年間、毎週2回、1時間ずつ、私を支配したのである。

そうした「個性」ないしは「役柄」を形作る上で大事な役割を果たしているのが、「友だち」だ。

そもそも、ふだん過ごしている小学校の6年1組のクラスで、私が小ジャイアンをやっていられたのも、同じクラスにノビ太やスネ夫がいたからで、私の性格自体、その彼らとの「関係」から算出された、ある種の「反応」だったということなのかもしれない。

「そろそろオダジマが何か無茶なことをやるぞ」

というクラスの連中の期待に応える形で、私は、板書する教師の背中に消しゴムを投げるみたいな、アホらしいイタズラをくり返していたわけで、誰が笑い、誰が混ぜっ返し、誰が叱られるのかも含めて、クラス内の定番の日常は、はじめから役を割り振られた芝居みたいに、決まりきっていたのだ。

ある時、子どもの頃に父親の仕事の関係で転校をくり返していた知り合いに、前述の英語塾の時の経験を話すと、彼もよく似た経験をしているという。

「そうそう。最初の挨拶でしくじると、結局その学校では最後までダメなやつだった」

やはり、そうだったのだ。

最初の挨拶で「役柄」を決められてしまうと、そのキャラクターから逃れるのは、とんでもなく困難なミッションになる。だからこそ、思い通りの自己表現ができずにいる生徒たちは「高校デビュー」や「大学デビュー」を夢見る。彼らは、「自分」を変えるよりも「舞台」を変えるプランの方が、ずっと現実的かつ効果的だということを、本能的に知っているのだ。

「この町を出れば、新しい人生が待っている」

と、若者の心の中には、常に旅立ちへの願望が宿っている。それゆえ、古来、青春の物語では、主人公の変貌と成長は、彼を取り巻く仲間たちの変化として描出《びょうしゅつ》されることになっている。

転校生も、何回か同じ経験をくり返すうちに、いつしか、初日にハッタリをカマす術を覚える。

「最初の第一声で『よろしくー』って言うんだ。それで爆笑が取れれば、成功なんだよ」

「よろしくで笑いが取れるのか?」

「取れるよ。デカい声で語尾を伸ばして『よろしくー』って言えば、小学生は必ず笑い転げる」

なるほど。世界は単純だ。ただ、その単純な世界の単純な秘密をわれわれが知ることになるのは、多くの場合、手遅れになった後だ。普通の小学生は、その闊達《かったつ》な「よろしくー」が言えない。で、緊張を見破られて、そのことによって、新しいスクールカーストの最下層に編入される。

「あ、こいつ緊張してる」

「チキンだ」

「赤くなってやがる」

12歳の子どもは、友だちがグレると、一緒にグレなければならない。別の場面では、友だちが急に勉強を始めると、彼もまた、なぜか勉強を始めてしまう。つまるところ、成長過程にある人間にとって重要なのは、仲間内で高い評価を得ることだけなのだ。

その意味からすると、過干渉な母親が特定の友だちを遠ざけようとしたり、好ましい影響を与えてくれそうな友だちを押し付けようとするやり口は、理にかなっている。子どもは、付き合っている子どもと似た子どもになる。これは、避けることができない。

母親が、私を遠く離れた町の英語塾に通わせたのも、もしかすると、私の日常の中に不良化の芽を発見したからなのかもしれない。

事実、当時付き合っていた仲間のうちの何人かは、中学校に上がるや、いきなりグレ始めた。というよりも、私の住んでいた町では、中学校の不良グループが、同じ学区内にある小学校のめぼしい6年生をスカウティングに来るようなことが半ば常態化していたわけで、なんというのか、12歳というのは、そういう微妙な年齢だったのである。

ともあれ、小学校6年生にして、知らない町の、友だちのいない英語塾に放り込まれた私は、母親が狙った通りの化学変化を経由して、まんまと出来杉《できすぎ》君への道を歩み始めた。

まあ、後から振り返ってみれば、それもまた一瞬の寄り道にすぎなかったわけだが。

悪い仲間は犬のようなものだ。
一番好きな相手を一番ひどく汚してしまう。
by スウィフト

そして悪い恋人は二匹の肉食性の豚のようにお互いを食べながら、寄生虫にやられて死ぬ。
by 小田嶋隆

# 第17章 人気者という専制君主

ちょうど一年前のことだが、三重県で中学3年生の女子生徒が殺害された事件（2013年8月）の容疑者として、前日に高校の卒業式を終えたばかりのひとりの少年が逮捕された。

私が注目したのは、その容疑者のプロフィールを伝えるメディアの口調というか語り口だった。

逮捕翌日の3月4日付朝日新聞は《「優しく真面目な子が」知人ら驚き　中3殺害容疑の少年》という見出しで、以下のような記事を書いている。

《（略）少年が通っていた高校の同級生の少女（18）によると、少年は、女子に優しく、男子にも好かれていて、成績も良かったという。卒業式当日は、友人らと写真を撮り、別れるのが残念そうな様子を見せていたという。少女は「クラスの仲間と学校行事にも取り組むタイプで人気者。信じられない気持ちです」と話した。（略）》

つまり、まあ、容疑者の少年は、メディアが想定する「典型的な少年犯罪の加害者像」とは、違ったタイプのキャラだったということだ。

このこと自体は、さして意外なことではない。そもそも、見も知らぬ人間をいきなり殺害するような少年は、どこから見ても例外的な存在であって、その、そもそも例外であるような人格をつかまえて「典型」もへったくれもないという、それだけの話だからだ。

が、メディアは「典型」を好む。というよりも、彼らは、自分たちがあらかじめ織り上げた「物語」の枠組みに、事件を当てはめにかかる。特に、少年が主人公となる犯罪においてその傾向が強い。メディアは、何回も使いまわされているコントラストのはっきりしたプロットを使いたがる。すなわち、「孤独で、尊大で、社会に対して復讐感情を抱いている狷介不羈《けんかいふき》な少年が、何の罪もない対象に向けて、突発的な怒りを爆発させる」というストーリーだ。

ところが、容疑者として逮捕された少年は、彼らの予断と違っていた。彼は、友だちの多い、「人気者」だった。中学校時代は野球部で活躍しており、近所に住むご老人は、少年が「父親や妹と一緒にキャッチボールをしている姿」を何度も目撃しているという。

「人気者」「野球部」「父親とキャッチボール」

こういう舞台装置を揃えられたら、さすがに「孤独な体制呪詛者《じゅそ》」というキャラクターを立てた記事を書くことはむずかしい。別の物語を持ってこないと、記事が記事にならない。

で、メディア各社がとりあえず用意したシナリオが「なぜ」だったというわけだ。

「学校の人気者がなぜ?」

「模範的な少年がなぜ?」

インパクトは弱いが、これはこれで使える。人間性の闇、思春期という謎、誰にでも突発的な衝動が降りてくるかもしれない現代の恐怖。

無論、

「どうしてこんなに明るくて友だちの多い子が……」

というのは、当然の疑問ではある。

しかし、その当然の疑問は、逆方向から読み解くと「暗くて友だちのいない少年なら、殺人ぐらいやらかしても不思議ではない」という想定を含んでいる。というよりも、「少年犯罪をやらかすような子どもは、どうせ友だちもいないハジかれ者に決まっている」という決めつけが、あらかじめ報道する側のアタマの中にセッティングされているからこそ、彼らは、人気者設定の少年が犯罪を犯したことに驚愕《きょうがく》したのである。

こじつけのように聞こえるかもしれないが、これは私だけの感慨ではない。3月4日の午前中、私は、以下のようなツイートを投稿した。

《三重の中3殺害容疑の少年について「クラスの人気者がなぜ」という論調ばかりなのがちょっと気持ちわるい。背景に「仲間の多い若者が最高」「孤立者は劣等人種」「少年犯罪は孤独の副作用」みたいな感じの「友情原理主義」の存在を感じますだよ》

なんということもない感想のつぶやきだ。

が、この凡庸なツイートは、数日後には5000件近くリツイートされた。ということは、メディアの「なぜ」報道に違和感を抱いた人間がそれだけ多かったということだ。

それだけではない。

私のツイッターに寄せられたリプライの中には、「スクールカースト」という言葉を使って今回の事件の報道への反発を語っている書き込みが際立って多かったのだ。

どういうことなのかというと、

「要するにマスコミの人間は、スクールカーストの上位者ばかりだから、上から見た報道しかできない」

ということらしいのだ。

この「スクールカースト」という言葉には若干の解説が必要だろう。というのも、この言葉は、世代によって受け止め方の違う用語だからだ。

2013年まで関わっていたCSのテレビ番組で経験した取材によれば、「スクールカースト」は、1990年代の学校現場に、かなり唐突に出現した概念だ。それ以前に学校を通過した世代（つまり30代半ばより上のおっさんたち）の多くは、そもそも「スクールカースト」という言葉を知らない。また、聞かされてもその存在をなかなか信じようとしない。

「そりゃ序列らしきものはあったけどさ。勉強の成績とか、喧嘩《けんか》の強い弱いとか、スポーツの出来不出来とか、モテるモテないとか、それぞれの座標が並立してたわけだし、決定的なものじゃないだろ？」

というのが、ざっくり言って、私を含めた中高年のいつわらざる認識なわけだ。なにより、私自身、自分が通過した学校に、厳然たる「カースト」があったというふうには考えていない。

「ガキなんてものは誰であれ、自分が主役なんだからカーストもへったくれもないべよ」

と、私はいまでも、半分ぐらいは大真面目にそう考えている。序列があるにしても、そんなものはオレが無視すれば無いのと同じことじゃないか、と。

ところが、30歳以下の若者にとって、「スクールカースト」は、厳然と存在する壁であるらしいのだ。

「スクールカースト？　当然ありましたよ。で、もちろんカースト間での付き合いは皆無です」

本当だろうか、と、私は彼らの言葉を何度も疑ったのだが、誰に尋ねても、20代の若者や10代の少年たちは、スクールカーストを所与の前提とした上で、クラスの話を始めるのである。

原因は、誰もが携帯電話を装備したことあたりに求められるのだろうか。いや、そんな簡単な話ではあるまい。今後の研究を待とう。

ともかく、誕生の経緯や原因がどうあれ、スクールカーストは、どうやら既に確固たる存在になっている。

で、そのスクールカーストの中で暮らしている少年たちや、それをくぐり抜けて大人になった若者たちの見方によると、「スクールカースト上位者」は、「スクールカースト下位者」を永遠に差別するものらしく、少年犯罪報道に見られる偏向は、そのカースト下位者に対する差別そのものだというのだ。

「スクールカースト下位者であった私からすれば、逆にやたらと友だちの多いいじめっ子体質の奴の方が、少年犯罪の犯人像としてはしっくり来るんですけどね」

なるほど。

「友だちが多い」という属性を何の留保もなく肯定的なスペックとして扱う態度が、メディアの人間の中で定着しているという指摘は、これは、案外的を射ているかもしれない。というのも、マスコミに就職するタイプの学生は、つまるところ「面接番長」だったわけで、どういう人間が面接でウケるのかというと、「友だちの多い」「コミュニケーション力に長けた」「ポジティブ」で「自己表現の上手」な学生、すなわち、モロな「スクールカースト上位者」だからだ。

うーむ。

私の世代の者が学生だった当時、クラス内の秩序は、現在のそれよりは流動的で、友だちの数そのものは、さして重要なスペックとは見なされていなかった。

やたらと友だちの多い人間がいたことは知っている。が、私自身は、そういうタイプの学生に圧迫されることはなかったし、特段の敬意を抱いてもいなかった。

「なんだか調子のいい奴だな」

と、その種のスキーツアーの幹事におさまっているタイプの人間には、軽い軽蔑すら感じていた。

でもまあ、一定の時日《じじつ》を経て見直してみると、彼らは出世している。これは認めざるを得ない。

結局、うちの国では、友だちを「数」としてカウントする考え方の人間が出世するのであろう。あえて名付けるなら「派閥形成能力の勝利」ってことだ。

それにしても、「友だち」を「数」としてカウントするものの考え方は、そもそも人間性をバカにした発想だと思うのだが、こんなことを考えるのは、オレがソーシャルカーストの下位者だからなのだろうな。

まあ、勝手にしてくれ。

信頼は、年を重ねた胸の中で
ゆっくりと育つ植物である。

by
ウィリアム・ピット

ただしそれは根も葉もない単調な茎であり、最終
的には花も実もない暗がりで静かに枯死する。

by
小田嶋隆

# 第18章 恋愛至上主義から友情原理主義への転換と装飾から草食への変化について

2013年の秋頃だったと思うのだが、ある雑誌の編集部から、少子化について意見を求められた。

私は、20年来の不況で企業が年功序列を放棄したことや、教育支出の増加が、若い共働きの夫婦に出産をためらわせている現状について熱弁を振るったのだが、先方の求めているコメントは、どうやらそういうことではなかった。編集部は、その種のマジな話は、きちんとした肩書きのある学者の口から聞きたいようだった。まあ、気持ちはわかる。私のような素人がアカデミックな話をカマしたところで、むしろ誌面の信憑《しんぴょう》性を毀損《きそん》することにしかならない。私が記者だったとしても、マジな話を聞きたいのなら大学の先生に電話する。

彼らは「草食化」の話をさせたかったのだと思う。

それがわかってしまうと、こっちもヘソを曲げる。冗談じゃない。「草食化」みたいなありがちな言説に乗っかって、若い奴を叱りつけるテの安易なコメントを垂れ流したら、今度はこっちが若い読者に見限られる。

「オダジマもつまらない説教オヤジになったな」

と。見え見えの展開じゃないか。

かくして、「草食化」を避けた話題をぐだぐだ並べた結果、コメントは、ボツになったのだが、以来、私のアタマの中では、「若い連中の恋愛難燃化傾向」についての考察が堂々巡りをしている次第だ。

私は、若い人たちが恋愛に対して消極的な態度を示していることに「草食化」というラベルを貼るタイプの立論を疑っている。というのも、「草食化」は、「男がハンターで女が獲物」だという粗雑な図式をおよそ無反省に援用したメタファーであるのみならず、「肉食系」「草食系」という分類の中に「強者」「弱者」という、食物連鎖ピラミッド由来の優劣尺度を持ち込んでいる点においても、実に悪辣《あくらつ》な立論だからだ。

結局、「草食化」論者の狙いは、「草食系」の男が、「肉食系」の男に比べて劣っている旨を宣伝するところにある。それもそのはず、「草食」なる言葉を通じて彼らが画策しているのは、恋愛関連消費（ファッション・化粧品からスポーツカーに至る奢侈《しゃし》的かつ衒示《げんじ》的な消費）の拡大なのだ。

若い連中が自分を飾る消費に不熱心なのは、単にカネが無いからだ。まず、そこのところをわかってあげないといけない。つまり、最近の若い人たちが恋愛に消極的であることが事実だとしても、それは「草食」「肉食」といった生物学レベルの話ではない。もう少し、文化的な問題だ。あるいは、流行だとか風俗だとかいった方面の浮き沈みに過ぎない。別の言葉でいえば、恋愛は、この20年ほど、あんまりはやってないぞ、というそれだけの話なのだ。

現代の若者を「草食」と呼ぶ人々が比較の対象として想定しているのは、おそらく1990年代の若者で、たしかに、その頃のいわゆるバブルの日本は、恋愛至上主義の時代で、若い連中は誰もが色情狂じみていた。

当時、「最近の若い連中は色恋沙汰にしか興味がないのか?」という趣旨のコラムを書いた記憶がある。

私が青春時代を過ごした70年代から80年代にかけての時代設定では、彼女がいないことは、恥でもなんでもなかった。私自身、恋人の不在を、特に気に病んだ記憶はない。その空気が変わったのは、80年代の半ば以降だ。具体的には、87~94年までオンエアされた『ねるとん紅鯨団《べにくじらだん》』という恋人マッチング番組(企画は秋元康)が、「彼女いない歴○○年」といういい方で、単独行の若者(ないしは童貞)を嘲笑《ちょうしょう》するようになって以来だ。あの番組が高い視聴率を獲得するようになった後、20代の男女に恋人がいないことが、「恥辱」ないしは「失策」と見なされるようになったわけだ。

もちろん、『ねるとん』の影響だけで、恋愛至上主義が完成したのではない。「恋愛の教祖」と呼ばれた脚本家の書いたドラマや、ユーミンの歌といった、バブル前夜の好景気を構成するさまざまな要素が、よってたかって、若い男女を発情期の猿みたいな無制限のプレゼンティングに向かわせていたということだ。

で、90年代の半ばにバブルが崩壊して、以降、30年にわたる出口のない不況が続くと、恋愛はいつしか不経済な、時代にそぐわない風俗になっていた。

細かい理屈はいわない。

これ以上の分析もしない。

とにかく、肝心なポイントは、ステディな異性の獲得を消費のフックとするタイプのマーケティング活動が、空振りに終わるようになった。

「シティホテルでクリスマスとかバカじゃねえの」

「イタリアンブランドを着こんだところで、どん百が貴公子に変身するわけでもないだろ」

「ティファニーのオープンハートとか、モロに釣り針じゃん。釣り人が釣られてどうすんだよ」

で、行き着いた先が、「仲間」だった。

私は、この20年ほどの世相をリードしている友情原理主義は、平成生まれの若い人たちが、出口の無い不況に対応すべく身につけた、生活の知恵なのだというふうに考えている。ともあれ、平成に入ってからこっち、若い連中がやたらと「仲間」や「絆」に執着するようになったのは、バブル時代に一世を風靡《ふうび》していた恋愛至上主義から脱皮するためには、代替思想として、友情でも持ってこないと、どうにもならなかったからだ。

と、今度は、仲間を持たない人間が軽蔑される世のなかがやってくる。すなわち、「友だち」が、新しい時代のオブセッション（強迫観念）になったわけだ。こうして考えてみると、結局のところ、若いということは、何らかの強迫観念に支配される生き方の別名であるのかもしれない。難儀なことだ。

その代わりにといってはナンだが、恋人がいないこと自体は、致命的な欠落ではなくなる。で、そういう「デートとか、カネかかってめんどうくさいし」ぐらいな若者の発言に驚愕し、反発した40代のマーケッターが「草食」という言葉を発明して、若い世代を攻撃しているのが現在の状況であるわけなのだが、実は、もうひと回り上の世代である50代の私たちから見れば、「草食化」世代の行動パターンは、われわれが若者だった時代とそんなに変わらなかったりする。

結局、「恋人」だとか「友情」だとか、あるいは「正義」や「革命」や「愛国心」といった、一見、普遍的に見える価値も、時代の流行によって、支配的になったり、色あせて見えたりするものだということだ。

そう考えれば、現在は絶対の真理であるように見える友情原理主義とて、決して永遠の生命を持っているわけではない。あと10年もすれば、

「仲間とか友情とか暑苦しくね？」

「男同士がツルんでる空気って、オレ無理」

ぐらいな空気が漂うことになるかもしれないわけで、そういう時代になれば、その時代の若者たちは、もう一度、色恋沙汰に血道をあげるようになるに違いないのだ。

以前見た「ディスカバリーチャンネル」で、ライオンの「プライド」（10頭前後から成る「群れ」のこと）の消長が描かれて、なかなか印象的だった。以下、内容を紹介する。

思春期（2歳半〜3歳）になって、群れのメスたちからエサを分けて貰えなくなったオスライオンは、ほどなく、群れを追い出される。群れを出た彼らは、放浪の旅に

出る。若いライオンは、最終的には、他の群れのボスと闘って自分がその群れのボスにおさまるか、でなければ、放浪を続けて、童貞のまま餓死せねばならない。それまでの間、自分の群れを持たない放浪オス（ノマド！）は、だいたい2〜3頭のチームを組んで、互いに助け合いながら、サバンナを彷徨《さまよ》う。友情なのか互助なのか、あるいは単なる世渡りの都合なのか、とにかく、困難な時代を生きるノマド・ライオンたちは、延々、サバンナを彷徨う。

なんと味わい深い話ではないか。

生物学的なレベルの話をするなら、われわれが「友だち」と呼んでいるのは、性的なパートナーを見つけて巣を構える前の段階の、放浪オスにとっての「相棒」とそんなに変わらない。

とはいえ、恋人と友だちの、いずれが大切であるのかは、これは永遠の謎だ。答えを求められると、困る。

私の暫定的な回答は、「持ってない方」ということになるだろうか。

友だちを持っていない人間は友情に憧れ、恋人のいない男は恋人の存在に焦《こ》がれる。

両方持っていない人間については、回答を保留しておく。

完璧に孤独な人間の考えることは、家族や友人を持っている人間には想像がつかない。類推するのは失礼に当たる。

意外に聞こえるかもしれないが、友だちと恋人を同時に持つことはできない。不可能ではないが、かなりむずかしい。

少なくとも私が若者だった時代はそうだった。

私のまわりの男たちは、恋人ができると露骨に付き合いが悪くなった。

私自身もそうだった。

だから、久しぶりに友だちに電話をしたりすると

「どうした？　女と別れたのか？」

と尋ねられたものだ。

とにかく、20世紀の男は、そんなふうだった。

最近の若い人はちょっと違う。話を聞いてみると、恋人ができたからといって友だちと疎遠になるような男は

「最悪」

なのだそうだ。

「そうかなあ。オレたちは女ができると露骨に友だちと疎遠になったもんだけどな

あ」

「そういうのって、最低じゃないですか。人として信用できません」

なるほど。草食化の背景には、奇妙な義理堅さがあるようだ。あるいは、紳士同盟ならぬ童貞同盟みたいなものが、若い人たちをやんわりと束縛《そくばく》しているのかもしれない。

せっかくだから、この場を借りて若い人たちに言っておく。友だちに義理を通すなんて、そんなカタい考え方は捨てた方がいい。友だちは、どんどん裏切ってかまわない存在だ。すっぽかしたり忘れたり半年無視したりしても、会えば笑顔になる奴だけが本当の友だちだと、そう考えた方が気楽だし、裏切ったり裏切られたりしながらそれでもだらだら付き合って行くのが友情というものだよ。

2013年に亡くなった、ルー・リードに「ペイル・ブルー・アイズ」という歌がある。その歌の中に、次のような歌詞が出てくる。

The fact that you are married, only proves, you're my best friend. But it's truly, truly a sin.

（訳）「君が結婚しているということは、僕たちが親友であることを意味している。そして、それは、友よ、とてもとても罪深いことだ」

（著者・訳）

種明かしをすれば、この歌詞は妻帯者であるホモ・セクシュアルの不倫を歌ったものだ。

なんと、切ない話だ

ゲイでなくても、話はそんなに変わらない。

われわれは、原理的に、入手不能なものを渇望するように設計されている。

実に、難儀なことだ。

自分にとって大切なことは、他人が自分のことを
どう考えているかということではなく、
自分が彼らのことをどう考えているかということだ。

by
ブリヤン

とはいうものの、自分の考えを変えることは、他
人の考えを変えることよりもずっとむずかしい。

by 小田嶋隆

# 第19章 ミソまみれの日常

2013年の春は、個人的にとても忙しかった。

仕事が立て込んでいたわけではなかった。

といって、プライベートが忙しかったのでもない。なんというのか、自己防衛に忙殺されていたわけだ。

発端は、私がツイッター上に放流したコメントだった。

「戦争ラブな男とはHしない女の会とか言ってないで従軍いやん婦って言えよ」

というのがそれだ。

私は、さる女性団体が展開し始めた一風変わった反戦運動（はじめから世間を騒がすことが目的だったのかもしれない）に反発を覚えて、彼女たちを揶揄する言葉を投げかけたわけだ。

反響は巨大だった。いろいろな意味で、私は苦境に立たされることになった。いちばん目立った反応は「女性差別だ。撤回せよ」というものだった。

差別の有無はともかくとして、従軍慰安婦というセンシティブなタームを無神経にいじってみせたのは不適切な態度だった。おかげで、左右両方向の人々が食いついてきた。丸3日間ほど、私は、ほとんど十字架に架けられたも同然の状態で過ごさねばならなかった。

詳しい顛末《てんまつ》についてはほかのところに書いたので、ここでは触れない。結果だけを述べる。この「従軍いやん婦」炎上騒動を通じて、私は、「性差別主義者」ないしは「ミソジニー活動に励むコラムニスト」ぐらいな新しいレッテルを獲得することになった。

仕方のない成り行きだったと思っている。

実際、当たらずとも遠からずではあるからだ。

私は、自分自身の自覚では、20世紀生まれの日本の男としては、かなり明確にフェミニズム寄りの人間だと思っている。日本の社会が女性の権益に対して鈍感である現状に対しては、これまでにも何度も反対の意向を表明しているし、なにより私はマッチョ（男性主義）という人々を心の底から嫌っている。

ただ、そういう私にミソジニーが皆無なのかというと残念ながらどうやらそういうわけでもない。

念のために「ミソジニー」という言葉について説明しておく。これは女性ないしは女性らしさに対する蔑視や偏見、憎しみを意味する概念で、「女性嫌悪」という訳語が当てられる。私がこの言葉を知ったのは3年ほど前のことなのだが、啓発されるところを多く含んだ言葉だと思っている。

啓発は啓発として、私は、この言葉を振り回す女性が苦手だ。それもまた、彼女たちから言わせれば「ミソジニー」ということになるのだろうし、実際、その通りなのかもしれない。私の中には、どうやら、典型的な女性らしさや、女性が特有に示すいくつかの特徴に対して、かなり明らかな苦手意識がある。

ただ、私は自分のその「ミソジニー」について「うわっ、ミソジニー最悪!」「ミソジニーなんだから即座に捨て去りなさい」「ミソジニー男って最っ低」「自分のミソジニーを素直に認めて謝罪しなさい改善しなさい」と言われることに、素直になれないでいる。

感覚としては、食べ物の好き嫌いを指摘された時の感じに似ている。

「ニンジンが苦手なのは確かですが、これはどうしても直さねばならないないものなのですか?」

と、問い返したい気持ちが湧いてくるのだ。

私は、生来からのかなり手ひどい偏食家だ。食べられないものが山ほどある。なので、他人と食事する機会は、時に、憂鬱な時間になる。

「あら、ブロッコリは食べないの？」

「まあ、無理すれば食べられないこともないんですが、相性が良くないので」

「無理にでも食べられた方がいいと思いますよ」

「……まあ、無理は体に毒ですから」

「ニンジンもよけるんですか？」

「あ。こいつは天敵なんで」

「食べた方がいいと思いますよ。カロチンが……」

「はい。いずれ克服しようかと」

「……もしかして、インゲンもお嫌いなんですか？」

「食感というか、こいつの場合ニオイが鬼門でして」

「つまり緑黄色野菜は食べないということですか？」

「……色の派手な野菜は苦手なのですね。昔から」

何度この種の会話を交わしたことだろうか。

もちろん、グダグダ言わずに食べた方がいいのはわかっている。その方がカラダにいいことは確かなのだろうし、それに、出されたものを残すのは料理をした人間に対して失礼でもある。わかっている。百回聞いた。

でも、嫌いなものは嫌いなのだ。

無理すれば、飲み込むことはできる。事実、どうしてもそうせねばならない時は、丸呑みにしている。

ただ、それをやると、楽しいはずの食事が苦行になってしまう。だからなるべくなら、そういう拷問《ごうもん》じみた食べ方は採用したくないのだ。

ミソジニー問題も、これに似たところがある。

指摘されて気づいたとしても、矯正《きょうせい》するのは簡単なことではないし、そもそも、どうしても直さなければならないものなのか？　と思ってしまうのだ。

もっとも世間には、ミソジニーを大々的に掲げて、堂々と女性差別をやらかして、しかもそれを男らしさの現れぐらいに思い込んでいる男がたくさんいる。フェミニズムの人たちの言う「男社会」の「マッチョ」な男たちの結束の、かなりの部分は、その有害迷惑なミソジニーを核としている。

が、その種の暴力として発動される性差別や、無自覚な威圧として女性を傷つける女性嫌悪とは別に、文化的な偏向ないしは好悪の問題としての個人的なミソジニーというのだってあると私は言いたいわけなのだ。

たとえば、私は、長い間、女性ヴォーカルの高音がどうしても好きになれなかった。いまだに、あるタイプの女性歌手の高音を聞かされると、落ち着かない気持ちになる。なぜなのかはわからないが。

これは、克服すべきミソジニーなのだろうか。

もっと有害なものもある。これは、世にある男たちの中でかなり広範に共有されている感覚だと思うのだが、われわれは、旅行やゴルフや麻雀のような結界に女性が入り込んでくる事態を、露骨にいやがる。

「えっ？　どうしてオンナが来るんだよ」

「聞いてねえぞ」

「グリーンに嫁さんとか呼ぶなよ。めんどくせえ」

ここで発動されているミソジニーは、なかなか深刻だ。単なる内に秘めた気分としての苦手意識ではなくて、現実に、明らかな排除圧力として、女性を遠ざけようとするものだからだ。

思うに、これは男たちの仲間意識が、ある「幼さ」を含んでいることと関連がある。本書の中で何回か指摘した通り、仲間と過ごす時、われわれは、どうしても子どもっぽい人間になる。これは避けることができない。というよりも、われら日本の大人の男たちの友情は、一時的にであれ、童心に帰ることによってしか回復・維持・展開できないものなのだ。

だから、われわれは、その「男の世界」に「妻」や「恋人」や「子どもたち」といった、結界を破る存在を招き入れることに抵抗感を抱く。なぜなら、妻子や恋人を招き入れて、結界が破れてしまったが最後、「仲間」であるはずの頼もしい男たちは、「夫」であったり「パパ」であったり「シュウイチさん」であったりする、およそ「仲間」としての魅力と迫力を欠いた、どうにもつまらない役割芝居の三文俳優に成り下がってしまうからだ。

日本の男が、妻を同伴することを拒みがちであることの裏には、欧米のようなキリスト教を基盤とした社会と違って、わが国では、夫婦単位での社交が一般化していないということがあずかっている

この問題（日本の夫婦が社会的な単位として確立していないこと）は、稿を改めて論じなければならないだろう。ともあれ、戦後になって「家」という擬制が解体され、日本の男は、ただ威張っていればいい人間ではなくなった。といって、「家」はなくな

ったものの、西欧的な「夫婦」を単位とした社会構造は、いまだに、まるで定着していない。

結果、私ども21世紀の日本の男たちは、ある場合には孤立し、別のケースでは仲間とツルんで町を練り歩き、時に夫婦で不機嫌に過ごしたりなどしながら、結局のところ、確たる落ち着き先を見出し得ずにいるわけなのである。

次章では夫婦の話を書こう。

その前に、今回の案件について暫定的な結論を述べておく。

日本の男のミソジニーは、多くの場合マッチョイズムの反映だが、そうでない場合、社会性そのものの欠落として表現される。

つまり、個人的な話をすれば、私は、マッチョな男たちと同様にフェミな女たちも苦手なわけで、いずれにせよ、強い絆で結ばれた戦闘的な人々とはうまくやっていけないようなのだ。

私を含めた男たちの多くは、女性をまじえた集団の中では、自然な友情を取り結ぶことができない。

これは、われわれの幼さに由来する欠落だ。

ここまではわかる。

でも、幼くない人間の友情と言われると、私には、それがどうしてもイメージできない。

難儀な話だ。

多くの愚者を友とするより、
一人の知者を友とするべきである。

by
デモクリトス

知者とは友を寄せ付けない者のことだ。

by 小田嶋隆

# 第20章 チームスピリットという監獄

この章では「チームメート」について書こうと思っていたのだが、はたと考えるに、私には「チームメート」と呼べる仲間が一人もいない。というよりも、私は、学校の体育の授業の中で暫定的に組織される分隊を除くと、そもそも、きちんとした「チーム」に関わった経験を持っていない。

野球であれサッカーであれ、その種のボールゲームなり団体競技なりの部活動に所属した経験を持っている人間は、「チームスピリット」について、ある定見を持っている。すなわち、同じ目標に向かって苦労と栄光を分かち合う同輩としてのチームメートは、ほかのクラスメートや同僚とは一線を画する、特別な存在だということだ。

私自身は、スポーツが苦手だったわけではない。

中学校を卒業する段階ぐらいまでは、体育はむしろ得意な科目だった。駆けっこも速かったし、休み時間に校庭でやる野球では主力選手の一人だった。

でも、野球部には入らなかった。

サッカー部にもバレーボール部にも行かなかった。私が入部したのは、途中で退部した部活も含めればだが、陸上部と体操部と卓球部と水泳部だ。

どれも、個人競技の部活ばかりである。

これは、偶然だろうか?

要するに、私は、「チーム」が嫌いなのだろうか?

おそらく、然《しか》りだ。

答えは、問いが発される前から、すでにして明らかだ。私は、チームを好まない。チームの規律と、チームの熱血と、チームの暑苦しさを好まない。のみならず、チームの一員であることの不自由さを、かなりあからさまに嫌っている。だから、部室にこもる湿ったユニフォームの匂いに顔をそむけるのと同じように、私は、チームに所属する男たちが吐き出す、けだものくさい呼気に忌避感を抱くのだ。

振り返ってみるに、私が「チーム」というものに疑念を抱いた最初の体験は、小学校4年生の頃、少年野球のチームにゲスト参加した時にさかのぼる。

「そこ、声が出ていないぞ!」

と、試合前の練習で、いきなり監督に叱責《しっせき》された。

「は？」

私は、納得がいかなかった。

自分は、正規のメンバーではない。ユニフォームも支給されていないし、背番号も持っていない。試合のメンバーが足りないからというので、急遽《きゅうきょ》駆り集められた急造の助っ人に過ぎない。そうだとも、僕は頼まれたから来てやっただけだ。とすれば、

「よく来てくれた」

と感謝されることはあっても、いきなり叱責されるいわれは無いはずだ。あのカントクという人は、アタマがどうかしてるんじゃないのか？

当日、私はライトの守備位置にあったデカい水たまりを避けてポジションを取っていたために、ゴロを後逸し、フライを取り逃し、そのことでチームの連中にさんざんな罵声をあびた。

私は、釈然としなかった。

監督のこれみよがしな叱責もさることながら、なにより、ふだんは、気楽な仲間であるはずのクラスメートたちが、ユニフォームを着たとたんに、決して笑わない（彼らは、ことあるごとに「白い歯を見せるな」と言われていた）、どうにも面白くない子どもた

ちに変貌していることがショックだった。

「このカントクというのはそんなにコワい人なのか？」

結局、私にとって、野球チームは、いつもわめいてばかりいる子どもたちが、必死の形相《ぎょうそう》で練習に励んでいる、どうにも気持ちの悪い場所だった。

おそらく、本当のところを言えば、チームの子たちとて、見た目通りに必死だったわけではない。必死なふりをしていないと監督に怒鳴られるから、そんなふうに振舞っていただけなのだと思う。

が、それはそれとして、私個人としては、たかだか野球なんかのために必死になるのはまっぴら御免だった。必死なふりをするなんてことは、さらにさらにご勘弁願いたい設定だった。

で、この時以来、「チームメート」という概念も、私にとっては「御免」なものになったわけだ。

「ああいやだ。練習の最後に声を合わせて『ありがとうございました』とか、冗談じゃないぞ」

今になって振り返ってみれば、私の方が間違っていた可能性もある。

つまり、私は、「チーム」の一員になる最初の試練の段階でヘソを曲げてしまった不出来なメンバーだったわけで、つまり、私が、その先に待っていたであろう「チームスピリット」を習得する段階にたどりつけなかったのは、単に自業自得だったのかもしれないということだ。

その可能性はある。

私は、「チーム」の手前で挫折した子どもだった。

ダメなガキだったと言ってもいい。

ただ、そういう子どもは決して少数派ではない。単純に数を勘定すれば多数派かもしれない。

いわゆる「体育会系」でない男の子の多くは、あの種のチームにはなじめないことになっている。だからこそ「体育会系」は、就活で珍重されるのだ。だって、「兵隊」としてぴったりの人格なわけだから。

どちらが正しいのかを断ずるつもりのないことをはっきりさせた上で言うのだが、世のなかには、チームとして動くことに喜びを感じるタイプの人間と、チームの中にいることに圧迫を感じる人間がいる。

このことが、問題を複雑にしている。

チームスピリットの中で生きている人々は、チームになじめない人間を出来損ないと見なしている。

一方、チームと無縁な人々は、チーム単位でものを考える人間のことをバカな兵隊みたいだと思っている。

いずれの見方も、一定量の偏見を含んでいるとは思うのだが、偏見ではあっても、当たっている部分は当たっている。つまり、この国で生きていくつもりでいる男は、兵隊になるのか出来損ないになるのか、いずれかを選ばなければならないということだ。

私は、後者、つまり出来損ないのほうだ。

で、その、私のような「チーム」単位でものを考える習慣になじめない人間は、うちの国の社会では、友だちを作る上で苦労せねばならない。

チームの一員であることに抵抗を覚えない人々は、チームの中にいる人間に対して、ごく自然な親近感を抱く。彼らは、個々のチームメートのそれぞれの性格や個性とは別に、「同じチームの一員である」という、その立ち位置に対して友情を抱くことができる。

であるからして、彼らの交友は、「同志愛」に似た色彩を帯びる。会社の同僚でも、部活のメンバーでも、同じ航空隊の庭に咲く同期の桜でも同じことだが、そういう「チーム」を幹として枝分かれして行くタイプの人々の間に育まれる友情は、強固で揺るぎない性質を備えている。

うらやましいといえば、うらやましい。

ただ、チーム愛を基盤とした友情は、その反作用として、メンバーの自由を束縛せずにおかない。

具体的には、同じチームの中のあるメンバーが、自分勝手な時間の過ごし方をしたり、チームの方針と違う戦術に心惹かれたり、チームの哲学と相反する思想にかぶれたりすると、彼のその生活習慣や、戦術観や、思想は、必ず抑圧される。仮に、そのメンバーが抑圧に抵抗したのであれば、間違いなくチームから排除される。

もちろん、チームの中に自由が無いわけではない。

たとえば部活の場合、競技や戦術と無縁であれば、メンバーがどんな音楽を聴こうが自由だ。休日に恋人と過ごそうが本を読もうが、すべては個々人の決断に委ねられている。建前はそうだ。

が、強い絆で結ばれているチームは、メンバーに同じ人間であることを求める。

忘れてならないのは、「カントク」が、「白い歯を見せるな」という言葉をくり返していたことだ。

彼がそう言ったのは、第一義的には、気を散らせがちな小学生たちが、練習中にトンボを追いかけたり、犬のウンコを見つけてはしゃいだりすることをいましめるためではある。

が、「白い歯を見せるな」という言葉の底流には、「笑うな」「楽しむな」「苦しみを甘受しろ」「耐えろ」「自分を抑えろ」「感情を表に出すな」という禁欲の思想が流れている。チームが強固な組織であるためには、不確定要素としての「個性」や「感情」を極力排除して、個々のメンバーを型の揃った煉瓦《れんが》のような確固たる存在に成型しなければならないからだ。

チームスピリットに殉じる人々は、チームのメンバーに「無私」と「献身」を求める。「無私」とはつまり、一個の人間としての自然な感情や思想を捨象《しゃしょう》するということであり、判断や思考を放棄した壁の中の一個の煉瓦になり切るということだ。

「カントク」にとって大切なのは、個々の煉瓦ではなくて、複数の煉瓦が、壁として連結された時の強度なのだ。

ということはつまり、個々の煉瓦にとっては、何もいいことが無い。そういうふうに私には見える。

友情があるじゃないかって？

ははは。煉瓦同士をくっつけておくためのセメントのことを言ってるなら、あれは監獄だよ。

真の友をもてないのはまったく惨めな孤独である。
友人が無ければ世界は荒野に過ぎない。

by フランシス＝ベーコン

自分の住んでいる荒野をお花畑だと思い込むことができる人間だけが真の友を持つことができる。

by 小田嶋隆

# 第21章 一人ひとりが一人である素晴らしい家族の話

食糧問題がすなわち飢餓の問題であり、労働問題が主として失業問題であるのと同じく、友だちにまつわるあれこれは、最終的に、孤独の問題に集約される。換言すれば、われわれは、もっぱら孤独であることから逃れるために友だちを求めているわけだ。

たぶん、反対意見が寄せられるはずだ。

「そんなことはない。別に淋しいから誰かに会おうってわけじゃないし、一緒に時間をツブせる野郎なら誰でもいいというのでもない」

「会って話すに値する人間だからわざわざ時間を作って一緒にツルむわけで、別に一人でいるのが苦しいとか辛いとか、そんな女々しい話じゃないぞ」

と、怒りをあらわにする向きもあるだろう。

でなくても、「友だち」の問題を、自分の親友に固有な人格的な問題として考える人は少なくない。

そんなわけで、友情の問題を一般論として扱う態度は、友情の価値を信じる人々の感情を傷つける。

「オレたちの友情は特別だ」

と思いたがるのが、友情について考える人間一般に観察される傾向だということでもある。

しかしながら、ということはつまり、自分たちが特別だというとらえ方そのものは、実にもって凡庸極まりない考え方だということになる。

意地悪を言いたくてこんな話をしているのではない。

一対一の関係は、恋愛でも友情でも、当事者にとっては特別なものだ。それはよくわかっている。しかしながら、どんな一対一関係であっても、外から観察する者にとっては、ありがちな一般例に過ぎない……という、このこともまた動かしがたい事実なわけで、とすれば、人類一般にとって、人類一般の友情は、凡庸な出来事なのである。

飼い猫は、飼い主にとって特別な猫だ。

一方、飼い主でないほとんどすべての人間にとって、他人の飼い猫はただの猫に過ぎない。であるからして、飼い主が自分の猫について語るエピソードは、ほぼ必ず聴き手を退屈させる。

友情の話でも恋バナでも、理屈は同じだ。

あなたの猫があなたにとって、特別であることはよくわかる。でも、私にとってあなたの猫は特別じゃない。だから、この話はなるべく早く打ち切ってほしい。

孤独の話をしよう。

たとえば、友だちの多い男と、友だちの少ない男がいる。あるいは、友だちの数そのものとは別に、友と過ごす時間を大切にし、交友の機会を確保すべく努力を払っている男がいる。で、その反対側には、友だちはいるにしても、その友だちのために、なかなか交友の時間を割《さ》こうとしない男がいる。

この二人は、どうして、対照的な生き方をしているのであろうか。一つ目の説明は、友だちの多い男を、他人に好かれる特徴を備えた、魅力的な人間であるとする見方だ。当然、友だちの少ない側の男は、魅力に欠ける男であるというふうに見なすことになる。

この見方は、大筋において、外れていない。

多くの人はそう思っているはずだ。

だが、そもそも「魅力」とはなんだろう。

その質問への答えを考える前に、二つ目の説明を見てみよう。友だちの多い男ないしは友情に篤《あつ》い男が、友との時間を大切にするのは、要するにその男が淋しいからだ、というのが、第二の説明だ。

当然、友だちの少ない男は、孤独を苦にしない男であるがゆえに交友に熱心でないという話になる。

この説明は、おそらく、人々の心をとらえない。

「勝手なこと言うなよ」

「つまんねえ奴だから友だちがいないってだけだろ」

「っていうか、原因と結果が逆だろ。友だちがいないから一人でいるほかにどうしようもないって、それだけの話じゃないか」

特に、若い世代は、友情を軽視するものの見方に反発するはずだ。

が、誰でもある程度の年齢になれば、友だちとは疎遠になる。例外がないわけではないが、多くの場合、そういうことになっている。

「誰も年寄りなんかと付き合いたいと思わないから、友だちがいなくなるってだけじゃないのか?」

違う。歳を取った人間は、相手が若い人間であっても、そうそう頻繁には付き合いたいと思わなくなる。要するに、交友への欲求が減るのだ。違ういい方で言えば、「孤独に強くなる」ということでもある。

ここで、先ほどの「魅力」の話に戻る。

私の思うに、われわれが誰かの「魅力」と感じているもののうちの半分ぐらいは、その人間の「淋しさ」だということだ。

もちろん、「魅力」を構成するものの中にはさまざまな要素があって、気持ちの優しさや、頭の切れや、ユーモアや、容貌の美しさといったそれぞれに特有な性質が、一人の人間の「魅力」の基礎になっている。そのことはよくわかっている。大前提でもある。

しかしながら、個々人の性格に由来するあれこれや、容姿風貌にまつわる個別的な要素は脇に措《お》いて、それらとは別に、一人の人間が他人を惹きつけるための要素して、「孤独」は、確かに影響している。

この立論は、一見、「孤独な人間が他人との交流を求めている」ということを、そのまま強引に「孤独な人間は他人に求められるはずだ」という裏返しの理屈に置き換えただけの暴論に聞こえるかもしれない。

が、実際に、孤独を抱えている人間は、同じように孤独を抱えている人間を誘引するものなのだ。若い人たちが、自分と同年輩の人間に魅力を感じるのは、お互いの孤独が感応しているからでもある。そうでなければ、ほとんどの人間が、加齢にともなって、徐々に友だちの数を減らしていくことの説明がつかない。結局のところ、友だちというのは、孤独の反映なのだ。

傍証と言ってはナンだが、いつだったか、何かの席で「モテ期」の話題が出た時の話をする。その時、多くの話者の間で共通していたのは、「必ずしもモテそうなスペックを揃えていた時期にモテるとは限らない」ということだった。具体的には、いい名前の学校に通っていて、カネがあって、社交的で、明るい好青年だからモテるのかというと、必ずしもそうではない。

むしろ、そういうふうに、充実して暮らしている時は、女とは縁ができないケースが多い。

対照的に、自分の半生を振り返ってみるに、意外や、もっとも不遇で孤独と貧乏に苦しんでいたような時期に、不思議なモテ方をしていたりする。

「うむ。オレもいちばんモテたのは中野の3畳のアパートで食い詰めてた頃だな」

「そういえば、失業中はいろいろと女の子に助けられてたかもしれない」

何の話をしているのかというと、人間が一人では生きていけないというのは半分しか本当ではなくて、どちらかと言えば、一人で生きていける人間には友だちができないということだ。

ともあれ、孤独への耐性は、人それぞれで違う。同じ人間の中でも、時期や条件によって変化する。

私の知っている例では、一人っ子として生まれ育った人間の多くは孤独に強い。というよりも、彼らは孤独を特別な状態と感じないのかもしれない。

ある夫婦の話をする。仮にF夫妻とする。

F夫妻は、昨今では珍しくないのかもしれないが、一人っ子同士のカップルだ。つまり、夫であるF氏は、結婚前、F家の一人息子であり、妻であるT子さんはB家の一人娘として生まれ育った人だったわけだ。

そんな二人に、一人息子ができる。

と、その一人息子を、夫妻がどんなに溺愛するだろうかというふうに世間は思うかもしれない。

が、三人の一人っ子は、あくまでクールだ。

愛情の量がどうだという話をしているのではない。

ただ、コミュニケーションの作法というのか、関係の作り方が一般の親子と比較して独特なのだ。

一般に、一人っ子で育った人間は、孤独に対する耐性が高い。彼らにとって、一人で過ごす時間は、小さい頃からなじんでいる心やすまる時間だったりする。大家族の中で育った人間が、一人の時間を淋しく感じたり、手持ち無沙汰に思ったり、退屈に苦しんだりするのとは対照的に、もともと一人で育ってきた一人っ子は、孤独を孤独と思っていないのだ。

さて、F家の一人息子であるA君は、この春に就職して、職場近くで一人暮らしを始めたという。

「おお、どのあたりに住んでるんだ?」

「知らない」

「えっ、息子の新居を知らないのか」

「そのうち連絡があると思う。今は知らない」

「そのうちって、引っ越してどれぐらいたつんだ?」

「3カ月だったかな」

「3カ月も連絡が無いのか？」

「うん」

「心配じゃないのか？」

「何が？」

付言するが、F一家は、険悪な家族だというのではない。ただ、そういう人たちなのだ。一人っ子は一人を苦にしない。三人の一人っ子は、三人揃っても三人の一人だったりする。素晴らしいではないか。

この先、少子化が進むことで、孤独に強い新しい日本人が作られていくことになるのかもしれない。

期待している。

誰の友にもなろうとする人間は、
誰の友人でもない。

by
プフェッフェル

万人の主人であろうとする人間は万人の奴隷になる。

by 小田嶋隆

# 第22章 空気を読むな本を読め、ヨメの顔色読んだら負けぞ

第19章の末尾で、「次章では夫婦について書く」と予告をしておきながら、それっきりになっている。不審に思っている読者もおられるはずだ。

「オダジマのところはもしかして離婚危機なのか?」

「っていうか単に忘れてるだけだろ」

忘れていたわけではない。よく覚えている。私は、忘れたふりをしているうちに本当に忘れてしまうほど、おめでたい性分の人間ではない。むしろ、忘れたふりを続けていると、記憶が研ぎ澄まされてしまう設定の、極めて良心的な人間だ。

夫婦について書く前に、夫婦について書かないでいた理由について説明しておくことにする。

ここのところの経緯は重要だ。というのも、この章で私が書こうとしている主題は、「男はどうして妻の話を避けるのか」という論考に落着するはずだからだ。

私が、夫婦の話を書かずにいたのは、ミもフタもない話だが、書きにくかったからだ。

夫婦の話はどう書いてもバカバカしいものになる。妻についての考察は、恋愛の話題以上に、個人的な独白（あるいは、単なる「愚痴」）に陥りがちなものだし、そうなってしまった場合、犬も食わないテキストができ上がってくる。それゆえ、古来、心ある書き手は、自らの家庭生活をネタにしないことを、執筆に関わる十戒の最上位に置いてきた。

それでも、どうしても、自分の嫁さんについて書かねばならぬ事態に陥った場合、もののわかった書き手は、「家人」「同居人」「配偶者」「家の者」といった調子の、一歩遠ざけたもののいい方を採用する。つまり、当件に関しては、他人行儀な主語を使わないと、客観性が担保できないわけで、逆に言えば、執筆者にとって、夫婦生活は、職業生活の中で表現できない主観と怨恨を保管しておく掃き溜めのような場所になっているということだ。こういう場所で、うっかり日常的な呼称を使うと、不穏当な本音が不用意に漏れ出すことになる。彼らは、それを警戒するのである。

ことほどさように、ものを書く人間にとって、「本音」は、剣呑《けんのん》なものだ。

参考までに教えておくが、原稿を書く人間は、自分が信念を持っている本音については、極力、客観的かつ論理的な書き方を心がけなければならない。

本音なのだから、思うところを断定的に書けばいいというものではない。逆だ。本音だからこそ、丁寧にご説明申し上げなければならない。でないと、ナマの形で放り出された本音は、「偏見」「独善」「差別」「傲慢《ごうまん》」と受け止められて、必ずや炎上の火種になる。

自分が本気でそう思っていないこと（たとえば、「世界人類が平和でありますように」とか「大島優子さんって可愛いよね」とか）について述べる時は、断定的であってもかまわないし、エモーショナル（感情的）な書き方をしても問題ない。セーフだ。

なぜなら、「自分がそう思ってもいないのにそう書いていること」の大半は、書き手と読み手の間であらかじめ共有されている「常識」ないしは、「建前」に属するタームなのであって、それらの「常識」ならびに「建前」は、世間にとって、そもそも説明不要の天然の真実と見なされているところのものだからだ。

ただ、建前ばかりを書いているとスリルが失われる。

そして、スリルをもたらさない書き手は、早晩飽きられる。だからこそ、ものを書く人間は、一定のタイミングで本音を表明せねばならないわけなのだが、その際には、極力冷静な文体を意識せねばならない。というのも、知的な修飾を施していないナマの「本音」は、他人の目から見れば、野蛮な「偏見」に過ぎないからだ。

話を元に戻す。

夫婦の話は、うっかりすると「本音」の垂れ流しに終始する。そして、前述した通り、読者にとって、工夫のない本音ほど忌々《いまいま》しいものはない。

「日記ならチラシの裏にでも書いとけよ」

「おまえの感想なんか聞いてねえよ」

と、情報が求められている場面で、書き手の「思い」みたいなものが吐露《とろ》されると、読者は、どこまでも残酷になる。だから、夫婦の話には注意せねばならない。もう少し踏み込んだいい方をするなら、夫婦というのは、あれは人生の恥部なのだ。

昨今では、一般人の間でも、自分の妻を「ヨメ」というういい方で呼ぶ男が増えている。

「ヨメがうるさいから今日のところは帰るよ」

「いや、ヨメがゆんべ言ってたんだけどさ……」

私は、この「ヨメ」といういい方も、夫婦生活を隠蔽《いんぺい》したい気持ちが反映された用語なのだと思っている。

関東生まれの（というよりも、共通語を使う環境で育った大部分の）普通の日本人の感覚では、「ヨメ」は、「息子の配偶者」を指す言葉に聞こえる。

というのも、「ヨメ」は、「イエ」に属する存在で、それを呼び捨てにするのは、「ヨメ」に対して、「上位」に位置する人間の態度と考えられるからだ。

ところが、関西芸人のトークの中では、「ヨメ」は、「自分の嫁さん」「妻」「うちの女房」「カミさん」を意味している。おそらく、このいい方は、関西弁の中に古くからある正統的な語法というよりは、ワル仲間の間の符牒《ふちょう》に近いもので、実態としては「妻」を呼ぶに際して、もっともぞんざいないい方が特に選ばれて普及している姿なのだと思う。

どうして「妻に対してもっともぞんざいなもののいい方」が選ばれたのかというと、ヤンキー集団の中では、「妻に対して邪険に振る舞うこと」が「男らしさ」のひとつの指標と見なされており、またそうすることが「友情に篤い男」の条件と考えられているからだ。

この間の事情を、フェミニズムの人たちが使う「ホモ・ソーシャル」という用語で説明してしまうと、話は一気に簡略化できてしまう。

その関係の文献を読むと、権力的な「男社会」の「強固な連帯」が「ホモ・フォビア(同性愛嫌悪)」と「ミソジニー(女性嫌悪)」をクルマの両輪として成立している旨のお話が展開されている。

まあ、図星と言えば図星だ。「男」というもののバカさ加減については、彼女たちがいちばんよくわかっている。たしかに、マッチョな男たちは、嫁さんないしは恋人を「道具」のように扱う体《てい》で話を展開したがる。

とはいえ、ホモ・ソーシャルと呼ばれているものの実態がフェミの皆さんの言う通りのものであるのだということと、その理由が彼女たちの説明通りであるのかはまた別の話で、ここでは、そこのところには踏み込まない。「友情」と「ホモ・ソーシャル」と「妻」の関係に、話題を絞ることにする。

思うに、関西芸人（彼らが「芸のためなら女房も泣かす」が美談として歌われていた風土の中の人間であることを想起せよ）発祥の文化である「ヨメ」といういい方が、全国の若い人たちの間で一般化していることの意味は小さくない。

「妻」を「ヨメ」と呼ぶ風習が一般化していることは、同時に、関西芸人の楽屋話に登場する鬼畜トーク（芸人同士で、相方《あいかた》が嫁さんや恋人にどれだけひどい仕打ちをしたかを暴露し合ってそれを笑いのタネにする定番の楽屋落ち）が、おおむね容認されていることと無縁ではない。

ちなみに、妻を「ヨメ」と呼ぶ男たちは、友だちを「ツレ」と呼ぶ。そして、ここが大切なところなのだが、そういう彼らにとって、「ヨメ」は「ツレ」よりもはるかに地位が低い。彼らの本心がどうなのかはわからないが、少なくとも外面上は、「ヨメ」よりも「ツレ」を重んじる生き方をしている体で語るのが、彼らの建前になっている。

作家や随筆家が自分の妻を「家人」「同居人」と表記している心情と、やさぐれ気味の若い連中が、妻を「ヨメ」と呼ぶ事情は、そんなにかけ離れたものではない。ただ、「家人」「同居人」「配偶者」「家の者」という表現が、客観的な用語を選ぶことで、家庭という「恥部」に直接に触れることをはばかる態度であるのに対して、「ヨメ」は、より単純に妻を「モノ化」「道具化」した表現に聞こえる。

結論を述べる。

「友だち」「仲間」「ツレ」「相棒」が、男の「強さ」「正しさ」「外面」「力」「信頼」、すなわち「建前」の世界を表現しているのに対して、「妻」「ヨメ」「家人」は、男の「弱さ」や「ウソ」や「隠し事」や「内面」つまり「本音」に属している。

そういうわけなので、「妻」ないしは「家庭」あるいは「恥部」については、最大限に抑えた口調で語らねばならない。われわれは、そうすることで、かろうじて互いのプライバシーを防衛している。

というよりも、そもそも「プライバシー」の訳語は「恥部」であって然るべきなのかもしれない。

以上、あわただしい結論だが、そういうことだ。

自分の妻については、何も言わない。

卑怯《ひきょう》だと思う向きもあるだろうが、卑怯な人間でないと家庭は守れないということは、もっと周知されていいはずの真実だと申し上げておく。

友人の失敗には目をつぶれ、
だが悪口には目をつぶるな。

by
フランスのことわざ

友人の離婚には目をつぶれ、だが結婚には口を挟め。
by 小田嶋隆

# 第23章 敵を発明する能力

「ネトウヨ」と呼ばれる人々がいる。一説によれば、彼らは21世紀の初めにはすでに登場していたらしい。

確かに、私自身の記憶でも、２００２年の日韓Ｗ杯の前後には、２ちゃんねるの一部の板に、やたらと排外主義敵な主張をくり返す人々が蟠踞《ばんきょ》していた。

ただ、中国や韓国を敵視し、靖国の英霊を崇《あが》める人々の声が「Ｙａｈｏｏ！掲示板」をはじめとする主要なネット媒体を席巻するようになったのは、おおまかにいって２００５年以降のことだ。まあ、それでもすでに10年ほど経過しているわけで、してみると、「ネトウヨ」は、うたかたの流行が気まぐれに生み落とした私生児ではない。この国の社会にしっかりと根を張った新しい階層と見なさなければならない。

問題は、どうして彼らのような人々が誕生し、増殖し、21世紀の日本の社会の中で、一定の位置を占めるに至ったのかだ。

背景には、前世紀末から続いている、東アジア諸国との緊張関係がある。あるいは、中朝韓各政府の対日強硬姿勢がネトウヨを増殖させている部分が大きいのかもしれないし、もっと単純に、わが国自身の経済的なプレゼンスの低下が、相対的に貧窮化した若い世代の苛立ちを募らせているということなのかもしれない。いずれにせよ、政治・外交・経済の分野で説教を垂れるのは、私の任ではない。なので、持論がないわけでもないのだが、そのあたりの話は、ここでは持ち出さない。

本章では、この本のテーマである「友だち」という視点から、ネトウヨという現象を再吟味してみることにする。

2013年の5月、ある新聞社の労働組合の招きで、大阪を訪れた。その折、同じシンポジウムのパネリストとして、『ネットと愛国』（講談社）の著者である安田浩一氏と3日間ほど行動を共にする機会を得た。なので、期間中、会議後の打ち上げやバス移動の中で、その安田氏と、親しく対話する時間を持つことができた。

私は、「在特会」（「在日特権を許さない市民の会」の略称：在日韓国・朝鮮人が、不当な特権を得ている旨を主張し、その特権の撤廃を訴える活動を展開している）の人々が、「ありもしない在日特権の撤廃」という不可思議な主張を軸に街宣《がいせん》活動をしている理由が、どうしても飲み込めずにいたので、その点を、安田氏に質問した。

「あの人らは、本当のところ何がしたいんですかね」

しばらく考えた後、彼はこう答えた。

「仲間が欲しいんだと思いますよ」

意外な回答だった。というよりも、正直にいえば、私は、ハシゴを外された感じをおぼえた。

だって、仲間が欲しいのなら、何も街宣なんかやらなくてもいいはずだからだ。サッカーでも麻雀でも、ほかにいくらでも他人とコミュニケーションを取る方策はあるじゃないか。それに、普通に考えれば、まず政治的な主張があって、その同じ主張に賛同するからこそ、「仲間」になるというのがマトモな順序というものなのではなかろうか。

しかし、ともあれ、安田氏が、在特会の内部に入り込んで、個々のメンバーに対して粘り強い取材を続けた結果として、得た感触は、

「彼らは、とにかく孤独なんです」

ということのようだった。

孤独だから仲間が欲しいというところまではわかる。でも、だからって、なにも在日の人々を敵視しなくてもよさそうなものじゃないか、と、その時私は思っていたの

だが、あれから2年、時に応じて、ツイッター上でネトウヨの皆さんと罵倒や中傷の言葉を交換したりしているうちに、私にもおぼろげながら、安田氏の言っていたことがわかってきた。

確かに、彼らが「敵」を求める理由は、逆説的に「仲間」を求めているからなのかもしれない。

というのも、ネット上で攻撃的に振る舞っている人々が、何かの拍子に、感情的な脆さを露呈してしまうケースをこの何年かの間に何度も目撃したからだ。

表面上、彼らは、敵を求めている。

だから、とても強硬な言葉を使う。

が、その実、彼らは、仲間を求めている。

だから、柔らかい言葉に触れると、グズグズに溶けてしまう。

「てめえがチキンだってだけの話だろ」

てなことを言ってくる相手に対して

「おっしゃる通りですね。私も自分がチキンである点については、いつも残念に思っています」

ぐらいの回答を返すと、彼らは、わりとたやすく軟化する。

「あ、気にしないでください。言い過ぎました」

「いえいえ、こちらこそ。余計なことを言いました」

と、すっかり友だち気分になる。

それほど、われわれは、やさしい言葉に弱い。

おそらく、これは、ネットという環境が、常に残酷な言葉が飛び交う世界であることの反作用なのだろう。

サッカーの掲示板では、同じチームを応援するサポーター同士の中でも、論争が絶えない。

そもそも、実際に顔を合わせずに、文字だけで交流するネットの世界は、ささいな行き違いが、深刻な対立に発展しがちな場所で、それゆえ、仲間同士であっても、時間がたてばセクト的に分裂するのが普通だ。

同じ浦和レッズのサポーターでも、現監督の戦術に賛成しているファンと、反対の立場を取るファンの間では、常に口汚い罵倒合戦がくり返されている。

こういう時、細かい路線対立を超えて、連帯を取り戻すためには、より強大な共通の「敵」の存在が必要になる。

たとえば、特定のチームのサポーターと物理的な対立や遺恨が生じた場合、同じチームサポ同士の絆は、驚くほどすみやかに回復する。

悪辣な判定を下した審判や、自チームの選手に怪我を負わせたディフェンダーに対しては、われわれは、一丸となって憎しみを糾合《きゅうごう》することができる。

別のいい方をするなら、インターネットのような曖昧な場所でつなぎ合わされた関係性を、確固たる絆に編み上げることができるのは、特定の目に見える「敵」に焦点を合わせた、明確な憎しみだけなのだ。

ギャング・エイジと呼ばれる小学4年生頃の男の子たちの集団は、何かにつけて秘密結社を作りたがることで知られている。

トム・ソーヤの物語において、トムは、「恐るべき敵」を発明する天才で、その「敵」についての物語の迫真性ゆえに、常に、ハックルベリー・フィンを含む子どもたちの秘密結社の隊長の任に就いている。

仲間を求める子どもたちにとっては、それほど、「敵」を見つける能力が重要だということだ。

私にもおぼえがある。確か、小学4年生にあがったばかりの頃だった。私たちは、自分たちの小学校の学区内にある遊び場に飽きたらなくなって、ある日「遠征」を決意する。踏切の向こう側の台地にある、団地の中の公園が、さまざまな遊具を揃えた理想の遊び場だという噂を誰かが聞きつけてきたからだ。

「遠征」に行くと、しかし、その公園は、団地の小学校の生徒たちの「縄張り」だった。よくある話だ。その年頃の子どもは、同じ年頃の「よそ者」に敏感で、いつも縄張りを意識している。だから、ギャング・エイジと呼ばれるわけだが。

「お前、どこの学校だよ」

と、仲間の一人が見知らぬ子どもたちに囲まれている現場に駆けつけた時、私たちは「戦士」になっていた。

「文句あんのかよ」

「やんのか」

人数はこっちの方が多かった。だから、私たちは強気だった。逆に敵を取り囲んだ。

ところが、もめているうちに、敵の仲間が次々と駆けつけてきて、われわれの優位は、いつしか失われた。

「おい、逃げるぞ」

と、リーダー格のNが走り出す。と、われわれ（たぶん8人ぐらいだった）は、一斉に自分の町に向けて後ろも見ずに、走り出した。

無事、自分たちの縄張りの公園に到着すると、私たちは、なんだかおかしくなって、全員で笑い転げた。

あの時ほど、仲間が頼もしく思えたことはなかった。

また、あの縄張り争いの時ほど、友情という言葉が光り輝いて感じられたこともない。

それからしばらく、私たちは、さらに大勢のメンバーを揃えて「遠征」に出る計画に熱中したのだが、結局、国境紛争は沙汰止みになった。

チキンな私たちは、どう集めても8人以上の隊員を集めることができなかった。

自国に住む外国人を憎んでいる彼らは、本当のところ、在日の人々を撲滅したいのではない。むしろ、仲間とデカい声を出して練り歩くことを願っている。

若い男にとって、友だちがいないということは、それほど、切なく、苦しいことなのだ。

友人とは、あなたについてすべてのことを知っていて、
それにもかかわらず
あなたを好んでいる人のことである。
by エルバード・ハーバード

恋人とは、あなたについて何も知らないがゆえに、あなたを好んでいる人のことである。
by 小田嶋隆

# 第24章 友だちはナマモノだよ

思い出は、地面に埋まっている。

われわれの記憶は、必ずしも私たちの内部（具体的には脳細胞だろうか）に保管されているわけではない。思い出は、むしろ、町並みに宿り、あるいは、音楽や、食べ物の味や、雨上がりの匂いや、川面《かわも》に広がる油膜や、懐かしい友だちの顔とワンセットになったノイズとして、人格の外部に散逸している。

であるから、私たちは、通常の状態では、古い記憶にうまくアクセスすることができない。古い時代の自分の身の回りに起こった出来事や、行き来していた人々について、何を記憶し、何を忘れているのかさえ、思い浮かべることができない。

本書の中で、「友だちは、友だちという外部の対象である以上に、自分自身の幼年期の延長なのだ」という意味のことを書いたと思うのだが、いま言っていることも、大筋では同じ話のくり返しだ。

われわれにとって大切な記憶は、どれもこれも、路地や、玩具や、捕虫網や、向かいの家に住んでいた足の悪い子どものような、こまごまとした具体物に紐付けられている。であるからして、そうした物理的な「ブツ」をフックとして目の前に持って来ないと、それらにまつわる記憶は、意識の表面にのぼってくることができない。ということはつまり、われわれは、自分の部屋の中に一人でいる限りにおいて、懐かしい記憶や自分の中に眠っている感情から隔絶されている。

諸々の記憶は、古い友だちと会ったり、何十年かぶりに昔住んでいた街を訪れたり、子供の頃に大好きだった食べ物を食べたりしたタイミングで、唐突に、まるで雲が晴れるみたいな調子でよみがえる。言葉や事件の外形だけではない。風が顔に当たる肌触りや、濡れた子犬の匂いや、胸に秘めていた気分から、見えていた景色にいたるまでのすべてが、まるで自分の全体がタイムスリップしたみたいに明らかに再現されるのだ。

一昨年の夏、約30年ぶりに京都を訪れた。

原稿を書く仕事にたずさわっている人間が、30年もの間、この歴史ある街に足を踏み入れていなかったということは、業界ではかなり珍しいことだ。

「文化人失格ですよ」

と、何人かの知人に言われた。

「普通、何であれ文化的な営為に関わっていれば、いやでも2年に一度やそこらは京都に用事ができるものなんですけどねえ」

「つまり日本が嫌いだったわけですか？」

半分は冗談で言っていることだったとしても、彼らの言葉は、なかなか辛辣《しんらつ》だった。

「っていうか、私は、文化的な肌触りの原稿を書くことを自らに禁じていたんだと思いますよ」

と、だから、私の方も、半ばジョークでそう言った。

半ばジョークで、というのは、半分以上本気だったということで、確かに、私は、高校生だった当時から一貫して、京都っぽい、文化的で、みやびな、はんなりでほっこりの、湿度の高い、古畳くさい日本文学にまつわるいけ好かないあれこれが大嫌いだった。

が、そういった事情を超えて、実際に訪れてみると、京都は、実に、私の心に、深々と根を下ろしていた。

25歳になるまでの間に、私はたぶん5回ほど京都を訪れている。その都度、まわった場所も様々だし、一緒に行った人間も違っていた。

で、それらの、それぞれにバラバラな過去の京都観光経験の細部を、おどろくべきことに、私は、いちいち鮮明に記憶していたのである。

「おお、京都大学だ。そういえば、N崎とその中学時代の同級生のゲルピン留年京大生たちが住んでいる梁山泊《りょうざんぱく》みたいな寮で一泊したことがあったな」

「思い出したぞ。三千院で一緒にナンパしたのはK岡とA藤だった。オレはリーガルの革靴以外はまるっきりの偽アイビーだった」

「三十三間堂では、40回ぐらいくだらねえって言った気がする。どうして中学生のオレにはこの仏像の良さがわからなかったんだろうか」

京都が特別な土地だという話をしているのではない。私は、30年ぶりに訪れる土地には、30年分の記憶が冷凍保存されているということを言おうとしている。

記憶は、個人の頭の中に封じ込められているデータなのではない。それはむしろ、特定の土地に、埋蔵文化財のような形で収蔵されている。

友だちも同じだ。

友だちは、それぞれの時代の、それぞれの土地に、地縛霊《じばくれい》とよく似たなりゆきで固着している。

だから、記憶の文法の中では、時間は、空間的な座標の中に固定され、逆に空間は、時間軸の上に関連づけられることになる。

うん。私はむずかしい話を始めてしまっている。

最終章で私が結論として立証したいと思っているのは、友だちが、われわれの人生にとっての示準《しじゅん》化石であるということだ。

実にわかりにくい話だ。

順序立てて説明することにする。

土地にまつわる記憶は、時間を超えて、土地そのものに埋蔵される。ここまではいい。

たしかに、場の記憶は、フォルダとしてかなり広範な要素を格納することができる。また、土地あるいは町並みないしは景観は、記憶を呼び戻すフックとして、常にめざましい機能を発揮してくれるものだ。

引き比べて、友だちについての記憶は、場にまつわる記憶ほど応用が効かない。特定の友だちについての記憶は、その友だちともっとも頻繁に付き合っていた時代に関してしてしか通用しない。というよりも、友だちは、空間的な記憶であるよりは、時間的な記憶であり、しかも、かなり期間限定された揮発性の記憶なのだ。

だからたとえば大学時代の友だちは、その時代限定の記憶としてしか召喚できない。彼は、その4年前後の期間を除けば、舞台に登場することができない。

もちろん、大学時代に親しく行き来した相手と、20年後に再開することもあるし、継続的に、途切れることなく付き合うことになる友人だっている。

でも、友だちは、ナマモノだ。

よほどの例外をのぞけば、普通、賞味期限は5年以内だ。

ということは、昔の友だちは、過去の断片であって、現在の友だちではない。その意味で、一生の友だちは、10年モノの刺し身と同じく、そもそも設定として無理だ。そんなものはいない。言葉の綾に過ぎない。

無論、古い友だちと付き合うことはできるし、実際われわれは、古い友だちと、折にふれて旧交をあたためてもいる。

が、それは、古い本棚に収蔵してある古い蔵書と同じことで、本当の読書体験とは別のものだ。

古い蔵書は大切な財産だし、貴重な思い出でもある。が、古い本は、読むための本ではない。読んだとしても、はじめて読んだ時の感動は、二度と味わえない。

世にある友情の物語は、一生の友を想定しているが、あれは、ファンタジーに過ぎない。そんなものはいない。いるのだとしたら、それは、二人の人間が互いにファンタジーを演じることで関係を創造しているケースで、いずれにせよ、自然な感情のやりとりではない。

友だちは、三葉虫が古生代を代表し、ティラノサウルス・レックスが中生代白亜紀の地層を証明しているのと同じ意味で、特定の時代を象徴する存在だ。

高校時代の友だちは、高校時代を思い出す時に不可欠な部品であり、背景であり、ほとんど、経験そのものでさえある。同様にして、中学校時代の友だちもまた、中学校の放課後の空気とその時代のテレビ番組や運動会の記憶と分かちがたく結びついている。

が、20歳の私と、中学時代の親友のN野は、ほとんどまったく関連していない。当時、私はまったくN野と付き合っていなかったし、思い出しさえしなかった。で、結局、中学校を卒業して以来、N野とは、いまだに一度も会っていない。

嫌いになったとか、喧嘩したとか、そういうことではない。懐かしく思わないというのでもない。

ただ、友だちは、ナマモノなのだ。

化石として鑑賞することはできるし、ガラスケースに入れて展示することもできるだろう。

でも、もはや、一緒に遊ぶことはできない。

大学時代に多少行き来のあった連中が、何人か、典型的なネトウョになっている。

その情報を、私はフェイスブックで知った。

人は歳を重ね、成長し、偏向して行く。

結果として、古い友だちの多くは、それぞれに、別の道を歩むことになる。仕方のないことだ。

一生の友だちがいるのだとしたら、そいつは、成長も老化もしない人間で、つまり、死んでいるということだ。

ひどい結論になった。合掌。

広く好かれれば好かれるほど、
深く好かれないものだ。

by
スタンダール

一方、より広く嫌われる者は、より深く嫌われる。
by
小田嶋隆

# あとがき

本書の基礎的な構想は、三十数年来の知人であり、私をアルコール依存の泥沼から外に出るために、最初に声をかけてくれた恩人でもある太田出版の穂原俊二氏によってもたらされたものだ。

「友だち、ですか？」

当初、私は、このテーマに気乗りがしていなかった。

理由は、友だちについて書くことが、告白を含む作業であることを自覚していたからだ。

コラムニストは、元来、告白をしない。与えられたテーマについて、自在な距離で料理するのが私たちの仕事だ。

その意味からすると、コラムニストが自己言及を含んだ文章を書くことは、指揮者が自らマイクを握って歌う作業に似ている。へたをすると命取りになる。

穂原氏は、以前、「人はなぜ学歴にこだわるのか」という書籍のアイディアを持ち込んでくれた人で、考えてみれば、あの本も相当程度に告白を織り込んだ作品だった。

「友だち」について書き始めてしばらくすると、私は「学歴」について書いていた時と同様、この仕事を楽しんでいることに気づくことになった。

もちろん、楽しいだけではない。友だちについて書くことは、私にとって、苦しい作業でもあった。いい仕事は、苦労が愉楽を伴うような作業の中で達成される。してみると、これは、いい本になっているはずだ。

編集者のもっとも大切な仕事は、書き手に適切な負荷を課すテーマを見つけてくることだ。

穂原氏は、その仕事を見事にやりきったと思う。

苦労をすることが大きらいな私に、実りある苦労をもたらしてくれたことに、感謝したい。

最後に『サイゾー』連載時に私のコーナーを担当してくれた岩崎貴久さんにも、この場を借りて、感謝の言葉を述べておきたい。

毎度毎度、督促じみた言葉を決して口にせず、責めたり急《せ》かしたりすることもなく、最終的には印刷所から、あくまでも淡々と、最小限のメールと電話で私に対してくれた彼の誠意が、最終的に本書を結実させたのだと思っている。

要求しない者に対してだけ与えられる宝物という意味で、友だちと、本書は似ているのかもしれない。

まあ、当てずっぽうだけど。

小田嶋 隆

小田嶋隆（おだじま・たかし）

一九五六年東京都北区赤羽生まれ。コラムニスト。早稲田大学教育学部卒業。八八年、コラム集『我が心はＩＣにあらず』で人気を博してから、コンピュータ、テレビ、サッカーから学歴社会、憲法九条、資本主義まで、大小の事象に対し独自の極辛批評を展開。現代社会への意地悪な視点と容赦ない分析力、それを爆笑とともに表現する圧倒的筆力で幅広い層の支持を集めている。著書に『人はなぜ学歴にこだわるのか。』（光文社知恵の森文庫）、『地雷を踏む勇気』（技術評論社）、『その「正義」があぶない。』（日経ＢＰ社）、『小田嶋隆のコラム道』（ミシマ社）、『ポエムに万歳！』（新潮社）など多数。

友だちリクエストの返事が来ない午後

二〇一五年五月九日　初版発行

著者　小田嶋隆

編集・発行人　穂原俊二

発行所　株式会社太田出版
〒一六〇-八五七一　東京都新宿区愛住町二二　第三山田ビル四階
電話〇三-三三五九-六二六二　FAX〇三-三三五九-〇〇四〇
振替〇〇一二〇-六-一六二一六六
ホームページ http://www.ohtabooks.com/

印刷・製本　中央精版印刷株式会社

ISBN978-4-7783-1445-3 C0095